그물코 인생
그물코 사랑

도법 스님의.

●

생 명 평 화.

●

이 야 기.

머리글

길에서 꽃을 줍다

· I ·

출가 생활 2년, 스무살 때였다. 집에서 어머님의 위독함을 알리려고 사람을 보내왔다. 일언지하에 나는 출가 수행자이므로 나와는 상관없는 일이라며 돌려보냈다. 그런데 이게 웬일인가. 평소 출가 수행자는 세속 인연을 끊어야 한다, 부모가 죽어도 절대 돌아보아선 안 된다고 귀가 따갑게 강조해 왔던 냉담한 분위기와는 너무나 대조적이었다.

 함께 지내던 같은 또래의 친구가 나를 불러냈다. "야, 아무리 출가자가 인정을 끊어야 된다고 하지만, 너 그럴 수 있어? 너도 출가자이기 이전에 한 인간이고 어머님의 아들이야. 다른 일은 몰

라도 어머님이 위독하시다는데 그러면 안 돼." 하며 천지가 무너질 것 같은 심각한 표정을 지었다. 순간 번개처럼 천지가 진동하는 충격의 물결이 가슴을 쳤다. "사람들을 쩔쩔매게 만드는 죽음이란 게 도대체 뭐야." 하는 자아의식이 꿈틀거렸다. "모든 인간은 반드시 죽는다. 죽는 순간 일생을 걸고 쌓아올린 모든 것들이 허무하게 끝나버린다."는 냉정한 현실 앞에서 인간이란 참으로 허약했다. 밑도 끝도 알 수 없는 천 길 나락으로 떨어지는 것처럼 아득했다. 정체를 알 수 없는 차가운 칼바람이 가슴 속 생살을 도려내는 것처럼 쓰리고 아팠다. 살아야 할 의미를 찾을 수 없었다. 무어라 형언할 수 없는 쓸쓸함, 처량함, 서글픔이 가득 밀려왔다. 막연히 어디론가 한없이 떠나고 싶었다. 어찌해야 할지 갈피를 잡을 수 없었다. 한마디로 미치고 환장할 것 같았다.

  나는 이때 비로소 주체적으로 내 삶을 바라보고 다루려고 하는 문제의식을 갖게 되었다. 죽음의 정체를 알고 싶었다. 허무의 나락으로부터 벗어나고 싶었다. 존재 이유를 알고 싶었다. 그밖에 그 어떤 것도 내 안중에 들어오지 않았다. 죽음을 경험해 봐야 하겠다는 생각이 들었다. 칠흑 같은 어둠 속을 더듬어 다리가 있는 곳으로 갔다. 다리 난간에 기대어 앉아 한참 동안 눈을 감고 있었다. 장마비에 불어난 냇물이 천지를 삼킬 듯이 무서운 소리를 내며 거칠게 흘러가고 있었다. 문득 두 번 죽을 수 없다는 사실, 결코 죽음은 경험될 수 없다는 사실에 생각이 미쳤다.

· 2 ·

도대체 인생이란 무엇인가. 왜 태어났는가. 왜 살아야 하는가. 왜 죽게 되는가. 인간의 모든 꿈과 바람을 일시에 허물어 버리는 죽음, 그 죽음을 운명적으로 받아들일 수밖에 없는 허무하기만 한 인생이란 무엇인가. 스스로 묻고 또 물었다. 책을 통해, 대화를 통해 따지고 또 따졌다. 온 세상을 향해 찾고 또 찾았다. 덧없는 인생을 굳이 살아야 할 이유를 알기 위해 몸부림쳤다. 그 정체를 알고 싶어 밤잠을 설쳤다. 하지만 알 길이 없었다. 이 세상 그 무엇에도 의미 부여를 할 수 없었다. 7, 80년이면 반드시 끝나고 마는 허무한 인생을 아등바등 살고 있는 사람들을 이해할 수 없었다. 세상 그 무엇에 대한 관심도 의미도 가질 수 없었다. 살아야 할 어떠한 이유도 의미도 찾을 수 없었다.

굳이 이유가 있다면 오로지 삶에 대한 원초적 회의와 고뇌가 내 삶의 전부였다. 존재 이유를 모르는 채 허무하고 무의미한 삶을 사는 것은 죽는 것보다도 더한 고통과 불행이었다. 그 심연은 깊고 넓었다. 끝이 어디인지 막막하기만 했다. 심연을 벗어나기 위한 방황의 몸부림이 목숨을 건 결투처럼 처절했다. 내가 살아야 할 이유가 있다면 숙명적으로 허무하기만 한 인생의 존재 이유에 대한 해답을 찾아내는 일이었다. 부모, 형제, 친구, 이웃, 세상을 위해 해야 할 일이 있다면 인생의 원초적 회의와 고뇌에 대한 해답의 길을 열어 보이는 일뿐이었다. 그 이외의 그 어떤 것에도 가치를 부여할 수 없었다.

　　한바탕 태풍이 휩쓸고 지난 다음 차차 안정되어 갔다. 조금씩 문제의 실상이 드러났다. 알고 보니 인생의 존재 이유와 가치의 문제는 나만의 문제가 아니었다. 누구나 짊어질 수밖에 없는 숙명적이고 보편적인 문제였다. 너나없이 풀지 않으면 안 되는 중요한 과제였다.

· 3 ·

내가 드디어 할 일을 갖게 되었다. 고통스럽지만 이 길을 갈 수밖에 없었다. 그 길은 다른 선택의 여지가 없는 외길이었다. 나로선 어찌할 수 없는 운명적인 일이었다. 해답의 길을 찾고자 강원에 들어가 경전을 펼쳤다. 참선해서 깨닫는 길뿐이란다. 선방에 들어가 10여 년간 벽을 바라보며 좌복 위에 앉았다. 그럴듯한 말과 폼은 있는데 그럴듯한 삶은 있지 않았다. 내 삶도 폼은 그럴듯했지만 내용은 한심했다. 경전과 어록에서 보고 배운 내용이 실제 선방 살림살이로 나타나는 경우를 거의 만날 수 없었다. 말은 멋지고 거룩한데, 거룩하고 멋진 삶은 보이지 않았다. 말과 생각이 일치하는 삶을 찾아보기 어려웠다.

　　선방을 뛰쳐나왔다. 자기수행과 중생교화, 자기완성과 사회완성, 즉 선 수행과 보현행원을 하나로 통일시키는 길을 찾고자 다

시 경전과 어록을 펼쳤다. 불가피한 인연에 따라 본사 살림을 살았다. 바람직한 승가상을 확립하기 위해 승가대중운동을 했다. 자의 반 타의반으로 94년 종단개혁불사와 98년 종단사태 수습에 휘말리기도 했다. 불교적 대안과 사회적 대안으로 사부대중공동체와 주민자치 생태자립지역공동체 운동을 벌였다. 기존의 모든 벽을 넘어 범종교 시민 대중이 함께 가꾸어야 할 보편적 이상과 가치인 생명평화의 삶을 실현하기 위해 탁발 순례를 했다.

허무의 심연을 벗어나기 위해, 존재 이유에 대한 해답을 찾기 위해, 그때그때 내면의 소리에 따라 자신의 필요에 따라 좌충우돌하며 먼 길을 돌아왔다. 주어진 인연들을 마다하지 않고 천방지축의 삶을 살아왔다. 모순과 혼란의 긴 여정이었다. 숙명적으로 주어진 존재 이유와 가치를 실현하기 위한 길 찾기는 슬프고 고통스럽지만 나의 존재 이유요, 의미였다. 내가 해야 할 일이 이 일 말고 다른 일이 있지 않았다. 아니, 지금까지 진행해 온 내 삶이 모두 그 일을 위한 것이었다고 해도 틀리지 않다.

"선과 악이 모두 나의 스승이다."라는 옛말을 생각한다. 굽이굽이 돌아온 60여 년 인생길에서 만난 인연들, 어른 아이, 남자 여자, 좋은 사람 나쁜 사람, 마음에 드는 사람 마음에 안 드는 사람, 이 종

교인 저 종교인, 산 사람 죽은 사람, 우주 자연, 삼라만상 모두가 오늘의 나를 키워준 스승이었다. 허무의 심연도 회의와 고뇌도 만남도 헤어짐도 희로애락 생로병사 등의 숱한 인연들도 모두가 나를 길러준 좋은 양식이고 밑거름이었다. 그것은 진리의 사랑이었다. 존재의 신비였다. 기적이었다. 불가사의였다.

진리의 사랑 길에서 꽃 한 송이를 주웠다. 그 꽃의 이름은 그물코 인생, 그물코 사랑이다. 한 인간이 존재에 대한 근원적 물음을 안고 그 해답을 찾기 위해 60여 년 동안 길을 걸어오면서 가꾸고 다듬어 온 내 사유의 총화이다.

나는 왜 존재하는가. 아무도 나를 존재하도록 시킨 자가 없다. 생명의 법칙에 따라 스스로 존재하고 싶어 존재할 뿐이다. 왜 죽어야 하는가. 구체적 사실과 진실로 본다면 우리가 좋아하는 태어남, 싫어하는 죽음이란 있지 않다. 그것은 태어남과 죽음의 실상에 대한 우리들의 무지와 왜곡으로 인한 관념일 뿐 좋아할 만한 태어남과 싫어할 만한 죽음은 그 어디에서도 찾아볼 수 없다.

실상은 어떤가. 생명의 법칙과 업의 법칙에 따른 생명 활동의 한 현상이 태어남이듯이 죽음도 마찬가지이다. 태어남이 생명 활동의 한 면모이듯이 죽음도 다르지 않다. 마치 바다가 조건에 따라 물결이 일어나는 모습으로 있기도 하고 물결이 사라지는 모습으로 있기도 하듯이 태어남과 죽음도 또한 그러하다.

나는 왜 살아야 하는가. 그 누구도 살라고 강요하는 자가 있지 않다. 스스로 살고 싶어 살고 있을 뿐이다. 나는 어떤 삶을 살고 싶은가. 살고 싶은 삶이 대단히 많은 것 같지만 실상은 단순하다. 내 생명이 안전하고 건강하고 평화롭고 자유롭고 행복하게 살고 싶을 뿐이다. 행복하게 살려면 어떻게 살아야 하는가. 세상 이치(진리)를 잘 알고 세상 이치에 맞게 살면 그 삶이 평화롭고 자유롭고 행복하다. 길이 천 갈래 만 갈래 같지만 실상은 이 길 한 길이 있을 뿐이다. 앞으로 변화가 있다 하더라도 근본적으로 크게 달라질 것이 있지 않으리라는 믿음이다.

여전히 미흡하긴 하지만 나름대로 정리하고 보니 미치고 환장할 것 같았던 불안 초조의 마음을 이제 조금은 내려놓을 수 있겠다는 안도의 한숨을 쉬게 되었다.

· 5 ·

스승들께서 말씀하셨다. "진리가 그대의 삶을 자유롭게 한다. 진리의 정신대로 이웃을 내 몸처럼 사랑하라. 그 삶이 평화롭고 자유롭고 행복하다." 예수의 말씀이다. "진리에 귀의하고 자신에 귀의하여 진리의 정신에 따라 주체적으로 동체대비의 삶을 살라. 그대의 삶이 평화롭고 자유롭고 행복하다." 붓다의 설법이다. "사람이 곧 하늘이다. 사람을 하늘로 인정하고 존중하라. 저절로 자신이 하늘이 되고 그 삶이 평화롭고 자유롭고 행복하다." 동학의 가르침이다. "지금 내 생명은 그물의 그물코처럼 존재한다. 생명그물의 정신대로 내 생명을 존재하게 해주는 상대 생명을 존중, 배려하는 사랑의 삶을 살라. 그 자리에서 즉시 그대의 삶이 평화롭고 자유롭고 행복하다." 현대 과학과 인디언들이 제시해 준 길이다.

    돌고 돌아서 낯설기만 했던 진리의 말씀을 다시 만났다. 그 말씀들이 특별한 내용도, 알 수 없는 비밀도, 현실을 떠난 신비도 아니었다. 오직 지금 여기 직면한 존재의 구체적 사실과 진실 즉 실상을 보여주고 말하고 있을 뿐 그 이상도 그 이하도 아님을 어렴풋이 짐작하게 됐다. '그래, 그런 거지.' 하고 미소를 지으며 삶을 바라볼 수 있게 되었다. '아무리 그렇다 해도 그러면 안 될 텐데.' 하며 적정선을 지키려는 신중함을 갖게 되었다. 가슴이 터질 것처럼 숨 막히는 삶이었는데 이제 조금 숨 쉴 만하다. 삶의 무게가 천근만근이었는데 이제 조금 홀가분하다. 삶이 불안 초조했는데 이제 조금 편안하다. 슬픔도 기쁨도 미움도 그리움도 만남도 헤어짐도 고통도 즐거움도 좋음도 싫음도 내가 만든 내 삶임을 사실대로 바라보고 받아들일 만하다. 특별한 세상도 특별한 사람도 특별한 문제도 특별한 길도 있지 않음을 조금 알 법하다. 삶이 담담하고 자연스럽다. 그래서 삶이 그런대로 괜찮다.

· 6 ·

이 아침에 창밖의 앞산을 바라보며 앉았다. 조금은 편안하게 숨 쉬며 살 만하니 인생을 정리해야 할 때가 다가오고 있다. 조금은 아쉽다. 살아온 생활을 되짚어 보았다. 무엇을 찾아 그토록 고달프게 헤매었던가. 무엇이 그토록 나를 슬프고 고통스럽게 했던가. 그래, 그게 인생인걸, 무슨 특별한 것이 있겠는가 하는 마음으로 고개를 끄덕거린다. 잔잔한 웃음이 피어난다.

알고 보니 내 삶이 내 삶이 아니었다. 세상 그 어떤 삶도 내 삶 아닌 삶이 있지 않았다. 아무리 찾아보아도 나만의 삶을 찾을 수 없었다. 나와 무관한 세상 삶도 존재하지 않았다. 헤아릴 수 없는 과거, 현재, 미래가 지금 여기 내 삶으로 숨 쉬고 있다. 미생물을 위시한 천지만물들이 지금 여기 내 삶을 가꾸고 있다. 인간들이 만들어 낸 모든 역사가 양식이 되어 지금 여기 내 삶의 피와 살을 이루고 있다. 좀 더 구체적으로 멀리는 부처님을 위시한 인류의 스승들, 가깝게는 마하트마 간디, 현실적으로는 내 생애에서 만났던 얼굴을 본 적도 없는 아버님, 홀로 살아오신 어머님, 늘 지켜보고 계시는 은사 스님, 출가 재가의 도반들을 위시한 숱한 인연들이 내 삶의 실상을 눈여겨보게 했다. 어렴풋이나마 삶의 실상을 짐작하게 했다.

눈먼 봉사가 천방지축 좌충우돌로 길을 찾아 헤매며 만난 무수한 인연들의 도움으로 자신을 이해하고 세상을 이해하는 꽃

한 송이를 주운 셈이다. 그 꽃은 내 인생의 전 재산이요, 최고의 보배이다. 꽃을 줍게 해준 숱한 인연들이 모여 이루어진 것이 지금 여기 내 삶이요, 내 세상이다. 참으로 신비하고 고마운 일이다. 길에서 주운 꽃인 그물코 인생, 그물코 사랑은 내 삶의 오늘과 내일을 밝히는 등불이다.

남은 일이 있다면 붓다, 예수, 간디의 안목과 마음을 담은 그물코 인생, 그물코 사랑 즉 생명평화의 삶을 온전히 내 삶이 되게 하고 친구의 삶, 이웃의 삶, 세상의 삶이 되게 하는 일일 터이다. 할 수 있는 한 그 길에 진력할 뿐, 그 밖의 다른 일이 또다시 있지 않을 터이다.

무거운 짐을 내려놓을 때 터져나오는 한숨을 크게 내쉬며 조금 편안하고 넉넉한 마음으로 신기하고 고마운, 멀고 가까운 인연들, 중언부언 늘어놓은 이야기들을 정리하여 이 책을 만들기까지 직접적으로 함께하고 수고해 준 인드라망, 순례단 도반, 김귀옥 선생, 불광 식구들 모두에게 큰 절을 올린다.

목차

01

생명평화의.
세계관과.
철학.

생명평화경　20
생명평화 로고 이야기　26

02

생명평화.
인드라망의.
눈으로.
삶을.
본다.

공부를 시작하며　36
생명평화경 이야기　44
생명평화 세계관　54
생명평화 사회상　58
생명평화 인간상　61
생명평화 수행관　65

03

생명평화.
수행.

생명평화 백대서원 절 명상　**70**
언어에 대한 이야기　**72**
생명에 대한 이야기　**76**
평화에 대한 이야기　**81**
백(100)에 대한 이야기　**87**
위대함(大)에 대한 이야기　**88**
서원에 대한 이야기　**89**
절에 대한 이야기　**91**
명상에 대한 이야기　**93**

화보 생명평화 탁발순례의 길　**98**

백대서원 절 명상 수행　**128**

04

질문과.
답.　**238**

01

생명평화의.
세계관과.
철학.

● 생명평화경 ●

나는 다음과 같이 들었습니다.
눈 내리는 한밤중에 진리의 스승께서 말씀하셨습니다.

생명평화의 벗들이여!
생명평화 길의 근본이 되는 존재의 실상인
상호 의존성과 상호 변화성의 우주적 진리를 말하리니
그대들은 귀 기울여 잘 듣고, 깊이 사유 음미할지니라.
이것이 있음을 조건으로 저것이 있게 되고,
저것이 있음을 조건으로 이것이 있게 되며,
이것이 없음을 조건으로 저것이 없게 되고,
저것이 없음을 조건으로 이것이 없게 되느니라.
상호 의존성과 상호 변화성의 진리를 따라
생성, 소멸, 순환하는 존재의 실상인 이 사실은,
현재에도 그러하고, 과거에도 그러하며,
미래에도 그러하느니라.

생명평화의 벗들이여!
자연은 뭇 생명의 의지처이고,
뭇 생명은 자연에 의지하여 살아가는 공동체 존재이니라.
이웃 나라는 우리나라의 의지처이고,
우리나라는 이웃 나라에 의지하여 살아가는 국가 공동체이니라.

이웃 종교는 우리 종교의 의지처이고,
우리 종교는 이웃 종교에 의지하여 살아가는 종교 공동체이니라.
이웃 마을은 우리 마을의 의지처이고,
우리 마을은 이웃 마을에 의지하여 살아가는 고향 공동체이니라.
이웃 가족은 우리 가족의 의지처이고,
우리 가족은 이웃 가족에 의지하여 살아가는 가족 공동체이니라.
그대는 내 생명의 어버이시고
나는 그대에 의지하여 살아가는 공동체 생명이니라.
진리의 존재인 뭇 생명은 진리의 길을 걸을 때
비로소 평화로워지고 행복해지나니,
그대들은 깊이 사유 음미하여 실행할지니라.

생명평화의 벗들이여!
서로 의지하고 변화하며 존재하는 생명의 진리는
우리 모두의 영원한 길이니,
지금 진리의 길에 눈뜨는 달관과
진리의 길에 어울리는 자족의 삶을 살지니라.

생명의 고향인 자연을 병들게 하는
진리를 외면한 인간 중심의 이기적 삶을 버리고
우주 자연을 내 생명의 하느님으로 대하는

달관과 자족의 삶을 살지니라.

우리나라의 의지처인 이웃 나라를 불안하게 하는,
진리를 외면한 내 나라 중심의 이기적 삶을 버리고
이웃 나라를 내 나라의 하느님으로 대하는
달관과 자족의 삶을 살지니라.

우리 종교의 의지처인 이웃 종교를 불안하게 하는,
진리를 외면한 내 종교 중심의 이기적 삶을 버리고
이웃 종교를 내 종교의 하느님으로 대하는
달관과 자족의 삶을 살지니라.

우리 마을의 의지처인 이웃 마을을 불안하게 하는,
진리를 외면한 내 마을 중심의 이기적 삶을 버리고
이웃 마을을 우리 마을의 하나님으로 대하는
달관과 자족의 삶을 살지니라.

우리 가족의 의지처인 이웃 가족을 불안하게 하는,
진리를 외면한 내 가족 중심의 이기적 삶을 버리고
이웃 가족을 내 가족의 하나님으로 대하는
달관과 자족의 삶을 살지니라.

내 삶의 의지처인 상대를 불안하게 하는,
진리를 외면한 자기중심의 이기적 삶을 버리고
상대를 내 삶의 하나님으로 대하는
달관과 자족의 삶을 살지니라.

내 생명의 의지처인 우주 자연과
내 나라의 의지처인 이웃 나라와
내 종교의 의지처인 이웃 종교와
내 마을의 의지처인 이웃 마을과
내 가족의 의지처인 이웃 가족과
내 자신의 의지처인 그대의 개성과 가치의
존귀함과 고마움과 소중함에 대하여
지극히 겸허한 마음으로 존중하고 감사하고 찬탄하는
달관과 자족의 삶을 살지니라.

존재의 실상인 진리란
상호 의존성과 상호 변화성을 뜻할 뿐
그 밖의 다른 것이 아니므로
지금 여기에서 누구나 이해하고 실현하고
증명할 수 있도록 해야 하느니라.
진리의 길은,

현재의 삶을 진지하게 성찰할 때 그 실상이 드러나고
진리의 서원을 세울 때 생명평화의 삶이 실현되나니
항상 깨어 있도록 할지니라.

생명평화경은 지금 여기
너와 나의 삶의 실상을 비추어보는 거울이니
항상 잘 받아 지니고 기억하여 어긋나지 않도록 할지니라.

거룩하십니다. 진리의 스승이시여!
진리의 가르침을 귀 기울여 잘 듣겠나이다.
깊이 사유 음미하겠나이다.
온몸과 마음을 다하여 실행하겠나이다.

● 생명평화 로고 이야기 ●

우리는 항상 기본적으로 지금 여기 나와 사회 그리고 세계는 어떻게 이루어진 존재인가? 어떻게 존재하고 있는가? 어떻게 존재해야 하는가? 하는 보편적 물음에 직면해 있습니다. 바꾸어 말하면 나는 누구인가? 왜 살아야 하는가? 어떻게 살아야 하는가? 하는 원초적 물음을 안고 있습니다.

지금 여기 내 삶(존재)의 실상에 대한 근원적 물음을 불교에서는 화두라고 합니다. 화두란 우리 삶에 있어서 그 무엇보다도 우선하는 가장 현실적이고 궁극적인 중요성을 갖고 있는 절체절명의 과제를 나타내는 말입니다.

지금 여기 내 삶의 실상에 대한 올바른 파악과 이해가 왜 그렇게 절실하고 중요한가. 이유는 간단합니다. 삶의 실상을 잘 파악하고 이해하는 것은 바로 내 삶의 올바른 방향과 길을 확립하는 일이기 때문입니다.

원효는 "삶의 방향과 길을 제대로 알고 살아가는 것은 쌀을 쪄서 밥을 짓는 것처럼 지혜로운 길이고, 삶의 방향과 길을 모르는 채 살아가는 것은 모래를 쪄서 밥을 지으려는 것처럼 어리석은 길이다."라고 했습니다. 삶의 올바른 방향과 길을 따라 걸어가면 가는 만큼 삶의 문제가 풀리고 우리의 바람이 실현되지만, 그릇된 삶의 방향과 길을 따라 걸어가면 걸어갈수록 문제가 꼬이고 우리의 바람과는 점점 더 멀어지게 된다는 뜻입니다. 인생의 행불행을 좌우하는 일이기 때문에 삶의 방향과 길을 올바르게 확립하는 일이 그 어떤 일보다도 중요한 일이라는 사실은 의심의 여지가 없습니다.

결론적으로 말해 인생의 화두를 잘 붙잡고 살아야만 어떤 삶을 살아도 부처님이나 예수님처럼 자리이타自利利他 즉 자기완성과 사회완성을 실현하는 삶을 살게 되며 또한 행복한 삶을 살게 됩니다. 반면 인생의 화두를 놓고 살면 아무리 심산유곡에 들어가 도를 닦아도 또 다른 모순과 혼란에 빠져 헤매게 되는 헛수고의 인생, 허무하고 불행한 인생이 되고 맙니다. 당장은 잘 느낄 수 없지만 삶의 방향과 길을 모르고 살아가는 것은 그 내용과 결과로 볼 때 실로 두렵고도 두려운 일이 아닐 수 없습니다.

그러므로 우리는 서둘러서 지금 바로 붙잡고 가야 할 인생의 화두인 지금 여기 내 삶의 실상에 대해 따져보고 또 따져보아야 마땅합니다. 그런 의미에서 인생의 화두인 삶의 실상에 대한 보편적이고 근원적인 물음들을 범주화시켜 보겠습니다.

첫 번째 물음입니다.
국가·종교·이념·정의·불의·선함·악함 따위의 인위적 관념이 만들어지기 이전의 본래 청정한 지금 여기 나는, 그리고 사회와 세계는 어떻게 이루어진 존재인가, 어떻게 존재하고 있는가, 어떻게 존재해야 하는가?

두 번째 물음입니다.
국가·종교·이념·정의·불의·선함·악함 따위의 인위적 관념이 만들어진 이후의 지금 여기 나는, 그리고 사회와 세계는 어떻게 이루어진 존재인가, 어떻게 존재하고 있는가, 어떻게 존재해야 하는가?

세 번째 물음입니다.
인위적 관념이 만들어지기 이전의 나, 사회, 세계의 실상과 인위적 관념이 만들어진 이후의 나, 사회, 세계의 실상이 서로 관계 맺어진 상태의 지금 여기 나는, 그리고 사회와 세계는 그 실상이 어떻게 이루어진 존재인가, 어떻게 존재하고 있는가, 어떻게 존재해야 하는가?

위의 세 가지 물음에 대한 해답으로 제시된 것이 총체적 관계의 진리(중중무진연기법)인 불일불이不一不二의 인드라망(인도의 베다 신화에 나오는 비와 천둥의 신 인드라의 그물. 불교에서는 끊임없이 서로 연결되어 전개되는 연기적 존재를 의미함) 세계관과 철학이고 그것을 형상화시킨 것이 생명평화 로고입니다. 먼저 로고의 제일 아래쪽이 지금 여기 나(인간)입니다. 오른쪽이 네 발 달린 짐승이고, 왼쪽이 날짐승과 물짐승입니다. 사람 머리 위쪽이 나무·숲·식물이고, 붉은 원형은 해, 하얀 원형은 달입니다. 인간이 의도적으로 만들어 낸 관념에 물들기 이전의 본래 청정한 무위자연의 우주 삼라만상과 인위적 관념에 물든 이후의 인간 사회가 그물의 그물코처럼 불일불이의 총체적 관계로 존재하고 있음을 단순화시켜 표현했습니다.

지금 지구촌에는 꿀벌들이 사라져간다고 합니다. 꿀을 따라 나간 벌들이 전자파로 인해 길을 잃어 집으로 돌아오지 못하기 때문이라는 견해가 유력합니다. 전문가들은 지구촌에서 꿀벌이 완전히 사라지면 4년 안에 대재앙이 인류 사회에 덮쳐 온다고 합니다. 벌이 사라지면 식물들의 수정이 불가능합니다. 그로 인하여 사과, 포도, 쌀 등의 먹거리가 생산될 수 없습니다. 먹거리가 없는 인류의 삶이란 고통과 죽음이라는 비극으로 귀결될 수밖에 없습니다.

꿀벌들이 사라지고 있는 이유는 맹목적으로 더 많이 더 편리하게를 쫓는 사람들의 어리석고 그릇된 가치 의식과 삶의 방식 때문입니다. 사람으로 인하여 꿀벌이 사라지고 꿀벌이 사라짐으로써 인류의 운명도 위험에 처해지고 있습니다. 드러난 현상으로만 보면 꿀벌이 나와 전혀 무관해 보이지만 그 실상은 꿀벌 그 자체가 바로 내 생명의 모체입니다.

꿀벌 없는 내 생명의 삶이란 있을 수 없습니다. 꿀벌과 내 생명의 관계는 그야말로 그물의 그물코처럼 불일불이적 관계로 이루어져 있습니다. 꿀벌과 내 생명의 관계처럼 모든 상대들과 내 생명이 불일불이적 관계로 이루어진 모습의 그 실상을 시각화한 것이 생명평화 로고입니다.

생명평화 로고는 생명평화경의 내용인 무위의 자연과 인위의 인간, 인위의 국가와 국가, 종교와 종교, 이웃과 이웃들이 그물의 그물코처럼 불일불이적 관계로 존재하는 지금 여기 본래 나의 모습, 사회의 모습, 세계의 모습을 형상화한 것입니다. 전통적 설명 방식을 빌린다면 존재의 실상이 본래 시공時空, 자타自他, 성속聖俗, 유위무위有爲無爲가 불일불이임을 드러내고 있습니다.

본래 스스로 존재하는 하느님, 본래부처, 무위자연으로 개념화되고 있는 존재의 실상도, 인위의 관념으로 이루어진 국가·종교·이념·정의·불의·선함·악함 등 인간 세상의 실상도 상호 의존성과 변화성의 진리에 의해 끊임없이 생성·소멸·순환하고 있음을 뜻합니다. 이 세상 그 무엇도 본래부터 분리 독립해서 스스로 혼자 존재하는 것은 없습니다. 이 세상 그 어디에도 본래부터 분리 독립해서 홀로 영원불변한 존재는 있지 않습니다. 인위와 무위, 시간과 공간, 내면과 외면, 정신과 물질, 인간과 자연 등 모두가 상호 의존성과 변화성의 진리에 의해 동전의 양면처럼 서로 의지하고 변화하면서 끊임없이 활동하고 있는 것이 지금 여기 나요 사회요 세계의 실상입니다. 마치 그물의 그물코처럼 존재하고 바다의 파도처럼 활동하고 있는 것입니다.

존재의 실상을 사실대로 통찰하면 시작도 끝도 없이 본래부터 인위이면서 무위, 무위이면서 인위, 시간이면서 공간, 공간이면서 시간, 따로이면서 함께, 함께이면서 따로, 홀로이면서 전체, 전체이면서 홀로, 내면이면서 외면, 외면이면서 내면, 정신이면서 물질, 물질이면서 정신, 나이면서 너, 너이면서 나, 인간이면서 자연, 자연이면서 인간인 불일불이의 공동 운명체의 동반자입니다.

그렇다면 생명이 살고 싶은 평화는 어떤 것인가. 생명의 실상대로 낱낱 존재들이 제자리에 온전하게 존재하고 동시에 서로서로 잘 어울리는 상태가 내 생명, 네 생명, 우리의 생명이 살고 싶고 실현하고 싶은 평화로움입니다. 따라서 불일불이의 동반자이므로 너와 나, 이웃과 이웃, 인간과 자연이 존재의 법칙인 모심과 섬김의 질서에 따라 공존과 조화를 이루어야 합니다. 그러면 평화의 삶이 저절로 이루어집니다.

일찍이 예수님은 본래 스스로 존재하는 상호 의존성과 변화성의 보편적 진리를 인격화시켜 아버지하느님으로 개념화했습니다. 그리고 말했습니다. "진리의 하느님 뜻대로 살면 그 삶이 자유롭다." 또는 "너의 이웃이 너의 아버지하느님이므로 이웃을 네 몸과 같이 사랑하라."라고.

그리고 부처님은 그 보편적 진리를 논리적으로 '법의 실상', '존재의 실상', '생명의 실상'이라고 했으며, 인격화시켜 '청정법신불', '본래부처', '본래면목'이라고 개념화했습니다. 그리고 말했습니다. "여실지견如實知見 즉 그물의 그물코처럼 존재하고 있는 생명의 실상을 사실대로 보고 이해하라. 여실지견행如實知見行 즉 실상대로 사고하고 말하고 행동하라(동체대비행). 그렇게 하면 바로 지금 여기에서 그 삶이 자유롭다."라고. 또 다른 표현으로는 조건 없는 사랑의 삶, 지혜와 자비의 삶, 동체대비同體大悲의 삶, 대무심大無心의 삶, 무애자재無碍自在의 삶이라고 했습니다.

생명평화 로고는 지금 여기 나, 사회, 세계의 실상과 생명의 염원인 평화로운 삶, 평화로운 사회 즉 자리이타의 길인 자기완성, 사회완성의 길을 잘 보여주고 있습니다. 그 길을 잘 갈 수 있도록 하기 위해 생명평화 로고의 세계관과 철학에 근거한 구체적 실천수행으로 생명평화 백대서원 절 명상을 만들었습니다. 생명평화 백대서원 절 명상은 지금 여기 현장에서 자리이타 즉 자기완성, 사회완성을 실현하기 위한 생명평화 수행론입니다. 잘 듣고 음미하고 실천해야 합니다.

* 생명평화 로고는 이병철 선생님의 제안으로 홍익대학교 안상수 교수님이 제작했습니다.
* 생명평화 백대서원 절 명상 CD는 생명평화결사에서 만든 음악을 배경으로 도법 스님의 목소리로 새롭게 녹음하였습니다.

02

생명평화.
인드라망의.
눈으로.
삶을.
본다.

공부를 시작하며

"눈 있는 자는 와서 보라. 나의 진리는 지금 여기에서 누구나 이해할 수 있다, 실현할 수 있다, 증명할 수 있다." 옛 스승의 말씀입니다. 진리는 어떤 내용도 지금 여기 현실로 갖고 와서 누구나 이해하고 실현하고 증명할 수 있어야 합니다. 존재의 실상에 근거한 보편적 진리(삶)는 본래 그런 것이고, 진리(삶)는 마땅히 그렇게 다뤄야 옳습니다. 우리가 다루는 내용들이 지금 여기에서 사실과 진실에 근거하여 이해할 수 없고 실현할 수 없는 것이라면 미련 없이 팽개치는 것이 좋습니다. 지금 여기에서 사실과 진실에 근거하여 이해되고 실현되고 증명되는 것이라면 그것은 참된 진리이니 전 존재를 바쳐 실천해야 합니다. 어떤 내용도 그렇게 함이 마땅합니다. 이와 같은 문제의식과 태도가 전제되어야 합니다.

우리가 경험해 온 오십 년 세월을 돌아보면, 물질적으로 대단히 풍요로워졌습니다. 1인당 국민소득이 백여 불이었는데, 지금은 죽네 사네 하면서도 이만 불 시대를 살아가고 있습니다. 백 배도 더 부자가 된 셈입니다. 생활도 훨씬 더 편리해졌습니다. 한 예로 얼마 전에 제주도를 다녀왔습니다. 오십여 년 전 같으면 일 년에 한 번 다녀올 수 있을까 말까 했습니다. 그것도 특별한 사람에 해당되었습니다. 지금은 너나없이 마음만 먹으면 당장 다녀올 수 있습니다. 편리함을 놓고 보더라도 백 배 더 편리해졌습니다. 기적의 역사라고 할 만큼 어마어마한 변화와 발전이 이루어졌습니다. 당연히 행복해야 옳겠지요. 그런데 우리는 지금 행복한가. 편안한가. 좋은 세상이 되었는가. 풀고자 했던 문제들이 풀렸는가. 인간다운 삶이 이루어졌는가.

불행히도 전혀 다른 결과와 현상이 일어나고 있습니다. 부분적으로, 현상적으로는 해결도 되고 더 좋아진 것도 있습니다. 하지만 전체적으로, 본질적으로 보면 문제가 다른 형태로 나타나고 있습니다. 삶의 문제는 더 복잡하고 어렵고 위험해졌습니다. 미래는 더욱 불확실합니다. 생태 위기, 생명 위기, 평화 위기의 상황이 날로 일상화되고 있습니다. 이럴 수도 없고 저럴 수도 없는 자기모순에 봉착했습니다. 도대체 왜 이렇게 되었을까, 이제 어떻게 해야 할까 하는 두 가지 물음을 피할 수 없게 되었습니다.

어느 시대에나 문제의식이 민감한 사람들이 있습니다. 차이가 있다면 과거에는 앞서가는 소수의 사람들이 그랬는데 이제는 사회 전체가 근본적으로 묻지 않을 수 없게 되었습니다. 왜냐하면 생태 위기와 부실한 민주주의로 인하여 예측할 수 없는 자연 재앙, 불치병, 심리병, 극단적인 양극화, 불만, 갈등, 대립, 소외감, 박탈감, 사회적 모순과 혼란, 부작용, 위험, 불확실성 등 예전에 경험하지 못했던 것들을 일상 현실에서 무수히 경험하고 있기 때문입니다.

농경 사회에서는 물질의 빈곤함, 생활의 불편함 때문에 불행했습니다. 물질적으로 풍요로워지고 생활이 편리해지면 행복할 줄 알았습니다. 물질적 빈곤과 불편한 생활을 해야 하는 불행한 이쪽 언덕에서 물질적 풍요와 편리한 생활을 누릴 수 있는 행복한 저쪽 언덕을 향해 달렸습니다. 철석같은 믿음을 갖고 열정적으로 달려왔는데 기대했던 것과는 전혀 다르게 나타났습니다. 나날이 문제가 더 복잡해지고 어려워지고 위험해지고 있습니다. 도대체 왜 이렇게 된 것일까, 이제 어떻게 해야 할까 하는 물음이 소수 사람들만이 아니라 사회 경향으로 나타나고 있습니다.

  그 물음에 대한 해답을 찾기 위해 많은 고민과 모색의 과정을 거쳐 사회적으로는 생명평화, 불교적으로는 〈인드라망 생명 공동체〉 운동으로 제시되었습니다. 그리고 여기저기에서 자연, 생태, 녹색, 생명, 공동체 등의 개념들로 해답을 찾아가고 있습니다. 대안적 삶과 관련된 용어들이 유행처럼 사용되고 있습니다. 대안을 내걸어야 돈이 되는 시대, 사람들이 모이는 시대가 되었습니다. 세계 정상들도 지속 가능 발전 사회로 나아갈 것을 결의하고 그에 발맞추어 국가 조직도 변화하고 있습니다.

  예를 들어, 제주도는 특별 자치를 실험하는 곳입니다. 청정환경국을 개설했는데 예산 비중이 전체 예산의 약 이십 퍼센트 정도 된다고 합니다. 국가 조직 체계 안에서 자연 생태 문제를 중요하게 다루고 있음을 잘 보여주고 있습니다. 지방자치단체들도 내세우는 슬로건들이 녹색도시, 생태도시, 생명도시라고 합니다. 건설 현장도, 골프장도 친환경적으로 하겠다고 합니다. 소수들만의 고민이었던 것이 지금은 사회 경향으로 나타나고 있습니다. 곳곳에서 대안을 찾는 작업이 다양하게 펼쳐지고 있습니다. 아직은 여전히 미흡하고 혼란스럽지만 대안을 이야기할 때와 그렇지 않을 때의 차이는 확연합니다. 현실적으로 여러 사람들이 모색하고 있는 대안적 삶의 내용이 비록 긍정적이라고 하더라도 무엇보다도 중요한 것은 올바른 방향과 길을 향해서 가고 있는가의 문제입니다. 그러므로 가장 근본적인 문제를 천착하는 차원에서 먼저 대안적 삶을 가꾸는 데 중요하게 강조되는 명상에 대해 살펴보겠습니다.

참선, 명상, 수행의 핵심은 깨어 있음과 집중함(흔들림 없는 평정)입니다. 불교의 수행론으로 제시되고 있는 팔정도八正道 중에 깨어 있음과 집중에 해당하는 개념이 정념正念과 정정正定입니다. 정념은 바르게 깨어 있음이고, 정정은 바르게 집중함(흔들림 없는 평정)을 뜻합니다. 여기에서 그냥 깨어 있다, 평정하다고 하면 될 텐데 굳이 '바를 정' 자를 쓰고 있습니다. 대부분 이 문제를 제대로 따져보지 않는데, 바름의 문제를 명확히 하지 않는 것은 올바른 방향과 길을 찾으려는 노력을 소홀히 함을 뜻합니다. 대단히 심각하고 위험한 일입니다. 바름의 내용이 없는 맹목적인 깨어 있음은 망상이 될 위험이 있습니다. 단순한 집중(흔들림 없는 평정)은 오히려 쓸데없는 자아도취, 신비주의, 실용주의, 기복주의라는 환상에 현혹될 위험이 있습니다. 수행을 통해 전생을 보고 미래를 예언하고 물 위를 걷고 불치병을 치유하는 등의 신비한 힘을 얻으려고 합니다. 마음이 편안하다, 몸이 건강하다, 머리가 좋아진다, 사업이 잘 된다, 재수가 좋다는 등 실용적인 효과를 노립니다. 명상을 해가는 과정에서 그런 현상들이 일어날 수 있습니다. 문제는 머리가 좋아지고 건강이 좋아지고 서울대학교에 가고 돈을 잘 번다고 해서 과연 행복해질 것인가. 전생을 보고 미래를 예언하고 물 위를 걷고 죽은 사람을 살려내는 등 신비한 능력이 생긴다고 해서 과연 좋은 세상이 되는가 하는 것입니다. 얼핏 생각하면 해답이 될 것 같지만, 사실은 해답이 되지 않습니다. 진리에 어긋나는 소유의 사고로 문제를 다루는 한 훨씬 더 위험할 수 있습니다. 왜냐하면 올바름 즉 존재의 실상에 입각한 보편적 진리의 길과 그 정신에 근거하고 있지 않기 때문입니다. 명심할 것은 대안을 모색할 때 올바른 방향과 길을 따라 제대로 해야 문제가 풀리고 원하는 바를 이루게 된다는 사실입니다. 어떤 경우에도 이 점을 간과해서는 안 됩니다.

같은 맥락의 문제의식이 청매 선사의 십무익송十無益頌에 잘 나타나 있습니다. 청매 선사는 서산대사의 제자입니다. 임진왜란 때 승병장으로 활동도 했습니다. 한국 불교 선객들 사이에서는 고고하게 은둔 수행을 한 가장 모범적인 선사로 알려져 있습니다. 삼십여 년 전만 해도 청매 스님의 토굴 터를 찾기 위해 지리산 곳곳을 찾아다니는 선객들이 제법 있었습니다. 청매 선사의 십무익송의 핵심은 보편적 진리에 입각한 올바른 방향과 길을 모르고 수행을 하면 아무리 열심히 공부하고 수행을 해도 이익이 없다는 것입니다. 마치 가야 할 목적지가 동쪽인데도 불구하고 서쪽을 향하여 줄기차게 달려가는 것처럼 부질없는 헛수고일 뿐 생명의 바람이 실현될 수 없다는 것입니다.

- 마음을 돌이켜 보지 아니하면 경전을 보아도 이익이 없다.
- 바른 법을 믿지 않으면 고행을 해도 이익이 없다.
- 원인을 가볍게 여기고 결과만을 중요하게 여기면 도를 구하여도 이익이 없다.
- 마음이 진실하지 않으면 교묘하게 말을 잘해도 이익이 없다.
- 존재의 본질이 비어 있음을 달관하지 못하면 좌선을 해도 이익이 없다.
- 아만심我慢心을 극복하지 못하면 법을 배워도 이익이 없다.
- 스승이 될 덕이 없으면 대중을 모아도 이익이 없다.
- 뱃속에 교만이 꽉 차 있으면 유식해도 이익이 없다.
- 한평생 모나게 사는 사람은 대중과 함께 살아도 이익이 없다.
- 안으로 참다운 덕이 없으면 밖으로 점잖은 행동을 해도 이익이 없다.

우선 참선, 구도, 고행 등에 관계된 것만 살펴보겠습니다. "보편적 진리인 정법에 대한 올바른 이해와 확신이 없으면 목숨을 걸고 고행을 해도 이익이 없다.", "존재의 본질이 무상無常 무아無我 즉 공空임을 달관하지 못하면 밤낮으로 좌선을 해도 이익이 없다.", "원인을 소홀히 하고 결과만을 중요하게 여기면 용맹심으로 도를 구해도 이익이 없다." 등 아주 중요한 내용입니다.

십무익송의 정신으로 보면 그냥 열심히 참선을 한다고 해서, 치열하게 고행을 한다고 해서, 열정적으로 도를 구한다고 해서 되는 것이 아니라, 수행을 하더라도 올바른 방향과 길을 따라서 해야 한다는 것입니다. 올바른 방향과 길이 없이 맹목적으로 수행을 하면 당사자의 의도나 바람과는 다르게 기복주의, 신비주의에 빠질 위험이 있습니다. 따라서 지금 우리가 공부하려고 하는 생명평화경과 백대서원 절 명상은 어떤 일보다도 우선적으로 중요한, 올바른 방향과 길을 제시하는 내용인 것입니다.

　　올바른 방향과 길을 기독교에서는 진리의 하느님 뜻 즉 "진리가 삶을 자유롭게 한다.", "이웃을 내 몸처럼 사랑하라."고 했습니다. 대승불교에서는 존재의 실상·생명의 실상·본래부처·본래면목이라고 했고, 초기불교 수행론에서는 삼법인三法印:諸行無常印,諸法無我印,涅槃寂靜印·사성제四聖諦:苦集滅道라고 했습니다. 참선, 명상, 구도, 수행, 기도 등 그 무엇을 하든 올바른 방향과 길을 가야만 문제가 풀리고 염원이 이루어지는 것입니다. 올바른 방향과 길이 없이 그냥 하는 수행은 헛수고일 뿐만 아니라 차라리 아니함만 못한 결과를 낳을 수 있습니다.

● 생명평화경 이야기 ●

생명평화경을 만들게 된 문제의식과 과정은 다음과 같습니다. 돌이켜 보면 문명사는 온통 인간의 생존과 자족의 한계를 넘어 이기적 소유욕을 쫓는 분리·분열·대립·투쟁의 세월이었습니다. 자아·가족·민족·국가·종교·이념의 관점에서 편을 나누어 자유·정의·평화의 이름으로 상대의 생명을 죽이고 평화를 파괴하며 질주하고 있는 것이 현대 문명의 실상입니다.

현대 문명이 끊임없이 인류의 바람을 짓밟고 생명 위기, 평화 위기의 자기모순을 확대 재생산하게 되는 이유가 무엇일까. 동과 서, 국가와 국가, 종교와 종교, 종교와 무종교, 종교와 과학, 진보와 보수 등 기존의 모든 벽을 넘어 범종교 시민 대중이 함께할 수 있는 참된 길은 어디에 있는 것일까. 그동안 많은 성찰과 진단과 모색이 있었습니다. 생명평화에 대해 깊이 고민하는 뜻 높은 분들이 다양한 견해를 제시하였습니다. 찾고자 했던 문제의 원인을 발견했습니다. 하나는 달을 가리키는 손가락인 지식(말, 관념)에 빠져 구체적 사실과 진실인 실상의 달을 보지 못하는 어리석음으로 삶을 다루어 왔던 것입니다. 자기 색안경의 소견으로 삶을 바라보고 살아온 것입니다. 달리 표현하자면 삶을, 지식과 언어를 전도몽상顚倒夢想 즉 관념적이고 추상적으로 다룰 뿐 중도中道, 실사구시實事求是, 과학적 태도와 방법으로 다루지 않았습니다. 도구로 사용해야 할 언어와 지식에 매몰되어 살기 때문에 끝없는 왜곡과 갈등과 혼란이 확대 재생산되고 있는 것입니다.

지금 여기에 직면한 존재의 실상은 너와 나, 개인과 전체, 집단과 집단, 인간과 자연 등 모두가 그물의 그물코처럼 따로이면서 함께이고, 함께이면서 따로입니다. 마땅히 실상대로 사고하고 말하고 행동해야 하는데 그렇게 하지 않습니다. 실상과는 관계없이 따로만을 고집하거나 함께만을 고집하는 관념적이고 추상적인 삶을 살고 있습니다. 실상과 분리되고 분열된 삶을 살고 있는 것이지요. 늘 지금 여기에서 직면한 실상대로 따로이면서 함께이고, 함께이면서 따로인 삶을 온전하게 살지 못하고 있는 것입니다. 망설일 것 없이 지금 바로, 문제의 원인이 되고 있는 기존의 관념적이고 추상적인 즉 전도몽상의 삶의 양식을 버리고, 색안경을 벗어야 합니다. 언어와 지식을 도구로 쓸 줄 알아야 합니다. 그리고 당장 중도, 실사구시, 과학적 태도와 방법으로 삶을, 지식과 언어를 다루어야 마땅합니다.

다른 하나는 문제의 근저에 존재의 실상에 근거하지 아니한 관념적이고 추상적인 그릇된 세계관이 자리하고 있음을 알게 되었습니다. 보편적 진리인 존재의 실상에 근거하지 않는 이원론, 실체론의 세계관이 문제의 근본 원인으로 작용하고 있음을 보았습니다. 현대인 대다수가 첫 단추를 잘못 뀐 상태에서 다음 단추를 계속 꿰듯이 어느 한 측면과 부분을 절대화시키거나 왜곡시킨 그릇된 세계관에 사로잡혀 살았습니다. 당연히 문제의 근본 원인인 그릇된 세계관을 버려야 할 터입니다. 그 누구도 부정할 수 없는 엄연한 진실, 그 누구나 수긍하게 되는 구체적 진실 즉 존재의 실상에 근거한 올바른 세계관(보편적 세계관)을 확립하는 일이 문제를 해결하는 큰 길임을 깨달았습니다. 동양과 서양, 국가와 국가, 종교와 종교, 종교와 무종교, 종교와 과학, 진보와 보수, 너와 나의 벽을 넘어 모두 함께할 수 있는 보편적인 진리의 세계관이 필요했습니다. 자연스럽게 불교, 기독교, 이슬람교, 힌두교, 동학, 원불교, 동양철학 등 존재의 실상에 입각한 공통적인 세계관, 현대 과학이 제시하고 있는 공통적인 세계관, 역사 경험에서 교훈적으로 터득한 진리의 정신들을 전체적으로 반영했습니다. 즉 동체대비론으로는 화엄의 세계관, 이웃을 내 몸처럼 사랑하라는 관점으로는 기독교의 세계관, 생명그물론으로는 과학의 세계관, 인내천의 관점에서는 동학의 세계관을 담았습니다.

  동서고금을 막론하고 존재의 실상에 일치되는 모든 세계관을 함축해서 만든 것이 바로 생명평화경입니다. 그중에 제일 많이 참고한 것이 화엄경입니다. 화엄경은 80권으로 되어 있습니다. 그 내용을 한마디로 요약하면 중중무진연기重重無盡緣起의 세계관과 동체대비행이라고 할 수 있습니다. 본래 세계는 겹겹으로 무궁무진하게 서로 관계 맺어서 존재합니다. 따라서 본래 불일불이의 공동체 생명임을 사실대로 알고 그 정신에 일치하도록 삶을 살아야 한다는 뜻입니다. 존재의 실상을 사실대로 아는 것을 지혜라고 하고 그 정신에 일치하도록 실천하는 것을 자비라고 합니다.

다음은 화엄의 위대성을 강조해 온 화엄 사상가들의 전통적 견해입니다.

"화엄경은 부처님이 몸소 깨달은 존재의 실상을 여실하게 설파한 경전이다. 화엄경은 근본법륜이고 여타의 경전들은 지말법륜이다. 화엄경은 크고 밝은 달과 같고 다른 경전들은 달 주변을 둘러싸고 있는 작은 별들과 같다."

일부 초기불교론자들이 화엄경은 불교적이기보다는 힌두교적이라고 비판합니다. 실제 그런 견해를 갖게 만드는 요소들이 없지 않습니다. 비록 그렇지만 일부 초기불교론자들이 가지고 있는 화엄에 대한 부정적 견해는 화엄경을 제대로 보지 않았기 때문에 생기는 문제입니다. 실상은 초기불교의 세계관과 대승불교의 세계관이 대동소이합니다. 굳이 다름을 찾는다면 초기경전은 연기법을 평면적으로 설명한 데 반해 화엄경은 입체적으로 묘사하고 있을 뿐 그 이상도 그 이하도 아닙니다. 초기경전에서는 "이것과 저것이 서로 의지해서 존재한다."고 합니다. 화엄경에서는 넓음, 좁음, 본질, 현상, 동질, 이질, 과거, 현재, 미래, 부분, 전체 등 10가지의 상호 관계로 설명합니다. 훨씬 복잡하기도 하고 풍부하기도 합니다.

괜한 편견과 오해를 불식시키기 위해서 화엄 사상가들의 전통적 견해를 토대로 설명을 좀 더 하겠습니다. 화엄 사상가들은 화

엄의 핵심 철학을 한마디로 "제망중중무진연기법"이라고 했습니다. 온통 부처님 가르침의 핵심인 연기법을 설하고 있을 뿐 연기법이 아닌 내용은 없다는 말입니다. 화엄 사상가들의 견해에 의하면 화엄경이야말로 존재의 실상에 근거한 보편적 진리의 세계관인 연기법을 가장 깊고 풍부하게 설파한 경전입니다. 어떤 의미에선 연기법의 사상과 정신이 화엄경에 와서 더욱 완성도가 높아졌습니다. 연기법의 사유 방식을 최고의 수준으로 끌어올린 것입니다.

"중중무진연기법의 세계관"으로 보면 세계는 본래 그물의 그물코처럼 불일불이의 생명 공동체입니다. 낱낱 존재들도 본래 불일불이의 공동체 존재입니다. 세계가 마치 살아 있는 그물이라면 낱낱 존재들은 그물코와 같은 격입니다. 대표적인 불교 또는 화엄 사상가들에 의해 설해진 불교 세계관 또는 화엄 철학을 음미해 보면, 화엄 사상이 인드라망 공동체 세계관임을 이해하는 데 도움이 될 것입니다.

"천지는 나와 더불어 한뿌리요, 만물은 나와 더불어 한몸이네."
- 승조

"하나의 먼지에 온 우주가 함께하고 일체의 먼지들도 또한 이와 같네. 무량한 시간이 그대로 한순간이요, 한순간이 그대로 무량한 시간이네."
- 의상

"낱낱들이 모여 전체를 이루고(전체의 모습) 전체이지만 낱낱들이며(개별의 모습) 낱낱이지만 서로 함께하고(같음의 모습) 함께하지만 서로 다르며(다름의 모습) 다르지만 서로를 성립하고(성립의 모습) 성립하지만 서로를 해체하네(해체의 모습)."

- 현수법장

    화엄 사상가들은 세계의 실상이 영원한 생명그물임을 탁월하게 설명하고 있습니다. 화엄 세계관은 세계 또는 존재가 본래부터 불일불이의 공동체임을 명백하게 보여주고 있습니다. 우주의 존재 법칙인 이 사실은 언제 어디서든 누구에게나 보편적으로 적용되는 진리임을 분명하게 하고 있습니다.
    예를 들어, 여기 한 송이 백합꽃이 있습니다. 그 꽃은 우주적 존재입니다. 꽃이 피어나려면 온 우주가 다 참여해야 합니다. 시간, 공간, 내면, 외면, 정신, 물질, 인간, 자연 등 총체적으로 참여하고 관계 맺어서 꽃이 피어납니다. 꽃이 곧 우주요, 우주가 곧 꽃입니다. 꽃이 피어나기 위한 여러 조건들의 상호 관계가 너무나 오묘합니다. 그 상호 관계들이 상하 전후 좌우로 겹겹이고 무궁무진합니다. 참으로 불가사의합니다. 크게 봐도 그렇고, 작게 봐도 그렇습니다. 안으로 봐도 그렇고, 밖으로 봐도 그렇습니다. 정신적으로도, 물질적으로도 마찬가지입니다. 분리 고정된 우리들의 사고로는 존재의 실상을 사실대로 이해하기가 어렵습니다. 불완전한 도구인 언어로는 실상을 있는 그대로 표현할 수가 없습니다. 불가피하게 오묘하다, 신비하다, 불가사의하다, 언어도단이다, 마음의 길이 끊어졌다고 표현합니다. 고인들의 뛰어난 통찰의 지혜로 밝혀 낸 존재의 실상과 법칙을 현대 과학은 '생명그물'이라는 개념으로 훨씬 더 명료하게 잘 설명하고 있습니다.

실천적 이해를 돕기 위해 중중무진연기의 세계관을 대승불교 수행론과 연결시켜 보겠습니다. 대승불교인들은 상구보리上求菩提 하화중생下化衆生을 이야기합니다. 일반적으로 상구보리는 자리自利, 하화중생은 이타利他라고 합니다. 그리고 무엇이 더 중요하고 무엇이 더 먼저인가를 갖고 논란을 합니다만, 실상은 그렇지 않습니다. 상구보리는 눈으로 존재의 실상인 인드라망 세계관과 철학을 확립하는 일이고, 하화중생은 손발로 인드라망 세계관과 철학을 전심전력으로 실천하는 일입니다. 존재의 실상으로 보면 상구보리, 하화중생의 문제는 자리가 먼저냐, 이타가 먼저냐 그리고 무엇이 더 중요한가의 문제가 아닙니다. 존재의 실상을 사실대로 보고 그 진리에 맞게 제대로 실천하는가 하지 않는가 하는 문제입니다. 존재의 실상 즉 자기 정체성을 제대로 알고 정체성에 충실하게 실천하면 자리이타가 동시에 실현됩니다.

지금 여기 나는 자연, 이웃, 부모에 의지하고 도움을 받아서 존재합니다. 온통 대상에 의지하여 살고 있습니다. 대상에 의지하여 존재하는 자기 정체성의 정신으로 보면 나는 낮추고 비우고 나누는 삶을 살아야 마땅합니다. 그런가 하면 나를 존재하게 하는 자연, 이웃, 부모 등 상대들은 나에게 너무나 거룩하고 고마운 존재들입니다. 내 생명의 모체요 원천이요 고향이요 어버이요 부처님이요 하느님입니다. 자기 정체성의 정신으로 볼 때 당연히 그 개성과 가치를 존중하고 배려하고 감사하며 살아야 할 터입니다. 진정성을 가지고 조건 없이 실상의 내용대로 낮추고 비우고 나누고 존중하고 배려하고 감사하면 그만큼 자타가 함께 화목하고 평화로워집니다. 자리이타가 동시에 실현됩니다.

문제는 얼마나 진정성을 가지고 하는가입니다. 자리自利가 먼저냐 이타利他가 먼저냐 또는 어느 것이 더 중요한가 덜 중요한가 하는 문제가 아닙니다. 실제의 그 작용은 참으로 오묘하여 불완전한 도구인 언어와 논리로는 그 실상을 온전하게 설명할 수가 없습니다. 실상이 불가사의하다고 하는 표현이 결코 과장이 아닙니다. 여기 목말라 죽어가는 사람이 있습니다. 시원한 물 한 그릇을 마셨습니다. 죽어가던 사람이 살아났습니다. 죽어가던 사람이 살아났으니 그야말로 기적이 일어난 것입니다. 참으로 불가사의한 일입니다. 이보다 더한 기적이 있지 않습니다. 생명을 살리는 일보다 더 거룩하고 위대한 일은 없습니다. 그보다 더한 신비의 기적은 그 어디에도 있지 않습니다. 더 정확하게 사실을 말한다면 존재 자체가 불가사의, 기적, 신비입니다. 구체적 실상이 그러한데 우리들은 일상의 신비에 대해 전혀 알지 못합니다. 전생을 본다, 미래를 예언한다, 물 위를 걷는다 등 이상한 짓을 해야 불가사의하다, 기적이다, 신비하다고 합니다.

너나없이 존재의 실상에 대한 무지와 왜곡된 이해와 인식에 길들여져 있습니다. 너무나 잘못된 길을 멀리 와 버렸습니다. 늘 목전에서 기적이 일어나고 있는데도, 불가사의한 현상이 항상 펼쳐지고 있는데도 그 실상을 알지 못하고 엉뚱한 곳에서 신비를 찾아 헤매고 있습니다. 평범한 일상에서 불가사의한 기적이, 거룩한 기적이 늘 펼쳐지고 있는데도 그 실상을 알지 못하고 뭔가 이상하고 특별한 것에만 가치를 부여하는 무지와 어리석음에 빠져 있습니다. 소위 반야심경에서 말하는 전도몽상의 삶을 살고 있는 것입니다.

생명평화 세계관

●

생명평화경은 어느 누구의 창작이 아닙니다. 기독교, 불교, 동양 철학, 현대 과학, 동학 등 인류사에서 존재의 실상에 근거하여 가꾸어진 세계관과 철학을 나름대로 모두 용해시켜 만들었습니다. 특정 개인의 창작이 아니고 인류 모두의 지혜로 이루어진 것임을 나타내기 위해 "나는 다음과 같이 들었습니다."라고 시작했습니다. 함박눈이 펑펑 쏟아져 내리는 한밤중에 경전이 완성되었기 때문에 "눈 내리는 한밤중"이라는 표현을 했습니다.

첫 단락이 생명평화 세계관입니다. 세계는, 존재는 어떻게 이루어졌는가, 어떻게 활동하고 있는가 하는 물음에 대한 설명입니다. 개인적으로도 사회적으로도 존재의 실상에 근거하지 않은 실체론, 이원론 등 그릇된 세계관에 빠짐으로 인하여 자기모순과 혼란, 삶의 고통과 불행을 자초해 왔습니다. 실상을 보면 인간의 의지와 의도가 개입하기 이전부터 있어 온 하늘, 땅, 밤, 낮, 달, 해, 물, 산소, 먹거리 등 생명의 기본 조건은 똑같은 한뿌리입니다.

기독교, 불교, 동양, 서양, 따뜻한 옷, 시원한 옷, 밥, 빵 등 그 가지
와 잎은 천차만별입니다. 정신적으로도, 육체적으로도, 내면적으
로도, 외면적으로도 대동소이합니다. 그런데 우리는 본래부터 있
어 온 근본을 보지 못하고 인위적으로 조작되어 이루어진 지엽적
현상과 작은 차이에 매몰되어 그것을 극대화시키고 절대화시키는
오류를 범하고 있습니다. 실사구시적으로 보면 지금 여기 존재의
실상에 근거한 보편적 진리의 세계관은 하나일 수밖에 없습니다.
예수도, 붓다도, 미국도, 한국도, 진보도, 보수도, 동서고금, 남녀
노소, 그 누구나 할 것 없이 한 하늘 아래 한 대지 위에 살고 있습
니다. 너나없이 산소를 호흡하고 물을 마시고 음식을 먹으며 살아
갑니다. 사실을 사실대로 확인해 보면 근본적으로 대부분은 같고
현상적으로 조금은 다릅니다. 인류 문명사의 문제는 근본적으로
대부분 같음을 보지 못하고 현상적으로 조금 다름만을 보며 달려
온 점입니다. 부처님은 방황하는 사람들에게 올바른 방향과 길을
제시하는 차원에서 존재의 실상에 근거한 보편적 세계관을 다음
과 같이 설명했습니다.

"이것이 있음을 조건으로 저것이 있게 되고, 저것이 있음을 조건
으로 이것이 있게 되며, 이것이 없음을 조건으로 저것이 없게 되
고, 저것이 없음을 조건으로 이것이 없게 된다. 상호 의존성과
상호 변화성의 진리를 따라 생성, 소멸, 순환하는 존재의 실상인

이 사실은 현재에도 그러하고, 과거에도 그러하며, 미래에도 그러하느니라."

본래부터 스스로 존재해 온 진리인 연기법 즉 서로 의지하고 서로 돕고 서로 변화하는 조건에 따라 끊임없이 생성, 소멸하는 형태로 전개되고 있는 것이 세계요 존재라는 뜻입니다. 본래부터 스스로 그러하기 때문에 언제부터라든지 누구에 의해서라는 것이 있을 수 없습니다. 조건 따라 스스로 성립하고 유지하고 사라짐을 끊임없이 반복 순환하는 것입니다. 그물의 그물코처럼 겹겹으로 무궁무진하게 서로 의지하고 도우며 이루어지고 활동하고 있습니다. 본래부터 너와 나, 이웃과 이웃, 인간과 자연이 직접적으로 또는 간접적으로 그물의 그물코처럼 불일불이의 생명 공동체로 활동하고 있습니다. 총체적 공동체로 이루어진 것이 존재이며 세계입니다.

본래 불일불이의 관계로 이루어진 생명 공동체인 존재와 세계는 어떻게 활동하고 있는가. 바다가 조건 따라 파도를 치기도 하고 잔잔하기도 하고 썰물로 존재하기도 하고 밀물로 존재하기도 하듯이 세계도 그렇게 존재하고 활동합니다. 현재에 그러하듯이 과거에도 그러하고 미래에도 그러하다는 것입니다. 이곳에서도 그렇고, 저곳에서도 그렇고, 태어나서도 그렇고, 죽어서도 그렇고, 나에게도 그렇고, 너에게도 그렇다는 말입니다. 엄연한 이 사실을

제대로 이해하고 확신하는 것이 생명평화 세계관을 확립하는 것입니다. 보편적 진리의 세계관을 확립하는 일은 불신과 대립의 길을 갈 것인가, 신뢰와 협동의 길을 갈 것인가, 따로와 투쟁의 길을 갈 것인가, 함께와 평화의 길을 갈 것인가를 가늠하는 일입니다.

가야 할 목적지와 방향을 올바르게 잡는 일이기 때문에 그 무엇보다도 중요한 일입니다. 방향을 잘못 잡으면 아무리 열심히 달려가도 죽어라 하고 고생만 할 뿐 도착해야 할 목적지하고는 천리만리 멀어져 버립니다. 올바른 진리의 세계관을 확립하는 일은 첫 단추를 제대로 꿰는 일과 같습니다. 그 어떤 일보다도 우선적으로 해야 마땅합니다. 명심하고 명심할 일입니다.

생명평화 사회상

두 번째 단락은 생명평화 사회상입니다. 상호 의존성과 변화성의 보편적 진리에 의해 저절로 이루어진 것이 자연 세계라고 한다면 그 바탕에 사람들이 인위적으로 만들어 낸 것이 인간의 사회입니다.

생명평화경에서는 사회를 다음과 같이 설명했습니다.

"자연은 뭇 생명의 의지처이고, 뭇 생명은 자연에 의지하여 살아가는 공동체 존재이니라. 이웃 나라는 우리나라의 의지처이고, 우리나라는 이웃 나라에 의지하여 살아가는 국가 공동체이니라. 이웃 종교는 우리 종교의 의지처이고, 우리 종교는 이웃 종교에 의지하여 살아가는 종교 공동체이니라. 이웃 마을은 우리 마을의 의지처이고, 우리 마을은 이웃 마을에 의지하여 살아가는 고향 공동체이니라. 이웃 가족은 우리 가족의 의지처이고, 우리 가족은 이웃 가족에 의지하여 살아가는 가족 공동체이니라. 그대

는 내 생명의 어버이시고, 나는 그대에 의지하여 살아가는 공동체 생명이니라."

본래 없었던 국가 사회가 어떻게 만들어졌는가? 어떻게 전개되고 있는가? 이 문제를 실사구시적으로 짚어보면, 미국이니 한국이니 일본이니 중국이니 하는 것이 모두 본래부터 있었던 것이 아닙니다. 종교니 이념이니 정치니 과학이니 교육이니 문화니 경제니 행정이니 하는 모든 것들도 인간들의 필요에 의해 인위적으로 펼쳐지고 있는 일입니다.

인간의 사회란, 우주라고 하는 무위자연, 지구라고 하는 무위자연에 의지하여 인위적으로 만들어졌습니다. 우주 자연의 법칙과 질서에 의지하여 인위적인 노력으로 이루어 낸 밥, 된장, 김치 먹고 인간들이 만들어 낸 것이 사회입니다. 인간과 자연이 상호 의존적으로 이루어졌듯이 국가와 국가, 사회와 사회, 종교와 종교, 이웃과 이웃, 너와 나도 상호 의존적으로 이루어졌습니다. 사람들이 천하의 근본이기나 한 것처럼 골몰하고 있는 정치, 경제, 사회, 문화, 교육, 종교 등 전반적인 활동들도 모두 인위적으로 조작하는 일늘입니다.

인간들이 만들어 낸 국가 사회도 우주 자연처럼 불일불이의 공동체입니다. 아무리 분리시키려 해도 분리시킬 수 없습니다. 현상적으로만 보면 따로따로 갈라놓을 수 있을 것 같지만 그것은 무지의 관념일 뿐 실상은 그럴 수 없습니다. 인간이 의도했든 의도하지 않았든 우리 삶은 그물의 그물코처럼 따로이면서 함께, 함께이면서 따로, 홀로이면서 전체, 전체이면서 홀로 살도록 이루어졌고 그렇게 전개되고 있습니다. 인간으로서는 어찌할 수 없는 운명적인 일입니다.

보편적 진리인 인드라망 세계관과 철학에 근거하여 형성된 사회상의 전형을 찾는다면 아마도 이웃사촌과 품앗이로 설명되는 농촌의 전통적인 마을 공동체일 것입니다. 홀로이면서 전체, 전체이면서 홀로, 따로이면서 함께, 함께이면서 따로가 불일불이하게 이루어진 공동체의 세계관, 사회상은 삶의 문제를 어떻게 다루어 갈 것인가를 가늠하는 데 매우 중요한 척도입니다. 세계와 사회의 실상을 사실대로 이해하고 인정할 때 올바른 방향과 길이 열리게 됨을 기억해야 합니다.

생명평화 인간상

●

세 번째 단락은 생명평화 인간상입니다. 세계가 공동체로 이루어졌듯이 사회도 공동체로 이루어졌고 인간도 공동체로 이루어져 있습니다. 국가 사회가 자연과 인위로 이루어져 있듯이 마찬가지로 인간도 그렇게 이루어진 존재입니다. 인간이란 주체적으로 우주 자연의 질서에 잘 적응해야 하는 존재이기도 하지만, 주체적으로 자기 삶을 창조해야 하는 존재이기도 합니다.

봄이 오고 가을이 오는 것 자체는 인간이 어찌할 수 없습니다. 봄이 오면 봄의 따뜻함에 어울리고 가을이 오면 가을의 시원함에 어울려 살아야 합니다. 인연이 되면 이승에 오고 인연이 다하면 저승으로 떠나야 합니다. 배고프면 밥을 먹고 목마르면 물을 마셔야 하는 존재입니다. 그 누구도 본래부터 있어 온 자연의 법칙과 질서를 벗어나거나 함부로 해서는 살 수 없습니다.

그런가 하면 스스로 봄에는 따뜻함, 겨울에는 추위와 어울려 살 수 있습니다. 도둑 되려고 하면 도둑놈 되고 착한 사람 되려고 하면 착한 사람 될 수 있습니다. 본인이 행복의 조건을 만들면 행복해지고 불행의 조건을 만들면 불행해집니다. 주체적으로 진리를 따라 살면 부처의 삶이 되고 진리를 무시하고 살면 중생의 삶이 되는 존재가 인간입니다.

하늘이 도둑 되라고 해서 도둑놈 되고 착한 사람 되라고 해서 착한 사람 되는 것이 아닙니다. 그 누가 불행하라고 해서 불행해지고 행복하라고 해서 행복해지는 것이 아닙니다. 자기 삶은 그 누구도 아닌 스스로 만들어 가는 것입니다. 세계의 실상을 알고, 사회의 실상을 알고, 자신의 실상을 알고 보면 어떻게 살아야 할 것인가는 자명해집니다.

길은 한 길뿐입니다. 죽으나 사나 가야 할 길은 주체적으로 서로 의지하고 도우며 함께하는 큰 길이 있을 뿐입니다. 초라하지 않고 품위 있으려면, 추하지 않고 아름다우려면, 불행하지 않고 행복해지려면, 너와 나, 이웃과 이웃, 인간과 자연이 균형과 조화를 이루며 함께하는 삶에 전심전력하는 길 말고는 달리 길이 있지 않습니다. 너나없이 모두가 가야 할 만인의 길을 생명평화경에서는 다음과 같이 설명하고 있습니다.

생명의 고향인 자연을 병들게 하는,
진리를 외면한 인간 중심의 이기적 삶을 버리고
우주 자연을 뭇 생명의 하느님으로 대하는
달관과 자족의 삶을 살지니라.

우리나라의 의지처인 이웃 나라를 불안하게 하는,
진리를 외면한 내 나라 중심의 이기적 삶을 버리고
이웃 나라를 내 나라의 하느님으로 대하는
달관과 자족의 삶을 살지니라.

우리 종교의 의지처인 이웃 종교를 불안하게 하는,
진리를 외면한 내 종교 중심의 이기적 삶을 버리고
이웃 종교를 내 종교의 하느님으로 대하는
달관과 자족의 삶을 살지니라.

우리 마을의 의지처인 이웃 마을을 불안하게 하는,
진리를 외면한 내 마을 중심의 이기적 삶을 버리고
이웃 마을을 우리 마을의 하나님으로 대하는
달관과 자족의 삶을 살지니라.

우리 가족의 의지처인 이웃 가족을 불안하게 하는,
진리를 외면한 내 가족 중심의 이기적 삶을 버리고
이웃 가족을 내 가족의 하나님으로 대하는
달관과 자족의 삶을 살지니라.

내 삶의 의지처인 상대를 불안하게 하는,
진리를 외면한 자기중심의 이기적 삶을 버리고
상대를 내 삶의 하나님으로 대하는
달관과 자족의 삶을 살지니라.

주체적으로 진리의 길인 자기를 낮추고 비우고 나누는 삶, 상대를 존중하고 배려하고 감사하는 삶만이 평화의 삶, 행복의 삶을 이룹니다. 진리의 길을 따라 섬김과 모심의 공동체 삶을 사는 것이 생명평화 인간상임을 잊지 말아야 합니다.

생명평화 수행관

●

네 번째 단락은 생명평화경의 수행 체계입니다. "진리의 말씀을 잘 듣고 음미하고 실천한다聞思修."라고 하는 전통적인 불교 수행의 기본 체계를 따랐습니다.

전통을 토대로 대승불교 사상가들은 수행의 기본 방향과 길을 "보편적 진리인 존재의 실상을 이론적으로 잘 파악하고 이해하여 실천해야 한다依解起行. 정성을 다하여 실천하면 분별, 논리의 한계를 벗어난다起行絶解."라고 제시했습니다. 선불교 사상가들은 "생소한 것을 익숙하게 만들고 익숙한 것을 생소하게 만든다生處放教熟 熟處放教生."라고 했습니다. 표현은 조금씩 다르지만 실제 내용은 다르지 않습니다. 그야말로 대동소이합니다.

대승불교 수행의 기본 체계는 "본래 청정(무위자연)한 세계의 실상, 존재의 실상 그리고 인위적으로 만들어 낸 사회의 실상, 내 삶의 실상을 잘 파악하고 이해하여 실천을 해야 한다. 지극 정성으로 실천을 잘하면 분별과 논리의 한계를 벗어나 활발발한 자유의 삶이 실현된다."는 것입니다.

　　일반적으로 분별이 또 분별을 낳고 논리가 또 논리를 낳는 삶이 반복되고 있습니다. 아무리 시비분별을 해도 문제가 해결되지 않으므로 또다시 시비분별을 하게 되고, 아무리 언어 논리로 따져보아도 문제가 정리되지 않으므로 또다시 새로운 언어 논리를 생산하는 악순환이 거듭되고 있음을 뜻합니다. 그렇게 되는 이유는 보편적 진리인 구체적 사실과 진실에 근거한 올바른 이론이 없이 실천을 하거나 이론만 분분할 뿐 실천이 없기 때문입니다. 또는 삶의 문제를 중도, 실사구시, 과학적 방식으로 다루지 않기 때문입니다. 분별을 통해 분별이 끊어지고 언어 논리를 통해 언어 논리로부터 자유로워져야 하는데 오히려 그 반대로 가고 있습니다. 결국 방향을 잘못 잡아 길을 잘못 가고 있는 것입니다.

　　그럼 어떻게 해야 할 것인가. 대승불교 사상가들은 그 해답을 보편적 진리인 구체적 사실과 진실에 근거한 올바른 이론과 실천, 실천과 이론이 일치하도록 또는 균형과 조화를 이루도록 해야 한다고 했습니다. 같은 맥락의 문제의식으로 선사들은 "보편적 진리인 존재의 실상에 대한 이해와 확신과 실천이 너무 생소하므로 끊임없이 진리의 세계관과 철학을 듣고 음미하고 실천하여 익숙하게 만들고, 실상에 대한 무지와 불신과 망동에 너무 익숙하므로 실상에 대해 끊임없이 듣고 음미하고 실천하여 무지와 불신과 망동을 생소하게 만드는 것이다."라고 했습니다.

생명평화경에서 채택한 문사수聞思修 수행 체계를 간단히 정리하면, "생명평화경에서 제시한 내용을 잘 듣고 음미하고 실천하면 삶의 문제들이 잘 풀리고 나아가 우리 모두의 공통적 바람인 자기완성과 사회완성이 이루어진다. 즉 예수의 삶, 부처의 삶 또는 그들이 꿈꿨던 삶이 지금 여기 나의 삶이 되고 우리의 삶이 된다."는 말입니다.

따라서 생명평화경의 세계관과 철학과 수행 체계를 현실에서 구체적으로 실천할 수 있도록 하기 위해 생명평화 백대서원 절 명상을 만들었습니다. 절 명상을 생활화하는 것이 생명평화 수행의 기본임을 명심해야 합니다. (254쪽의 수행에 대한 질문과 대답을 함께 읽으면 도움이 될 것입니다.)

03

생명평화.
수행.

● 생명평화 백대서원 절 명상 ●

　　　　　순례단이 생명평화 백대서원 절 명상 글을 교재로 삼아 공부와 수행을 했습니다. 평소에 수행의 생활화, 생활의 수행화를 위해 아침저녁으로 순례를 시작하고 끝낼 때에 생명평화를 서원하며 백 번의 절을 했습니다. 또 틈나는 대로 서원문을 갖고 대화하고 토론함으로써 생명평화의 삶에 대한 올바른 이해와 확신과 생활화를 모색했습니다.

언어에 대한 이야기

●

언어는 인간들의 필요에 의해 만들어진 상호간의 약속입니다. 사고를 담는 그릇이며 의사를 소통하는 데 없어서는 안 되는 중요한 도구입니다. 따라서 언어를 제대로 잘 사용하면 소통이 원활하게 되고 삶의 문제가 잘 풀려갑니다. 말을 더 할 필요가 없게 되는 것입니다. '말 한마디로 천 냥 빚을 갚는다.' 라는 말이 있듯이, 언어는 매우 중요하고 유익한 도구입니다. 그러므로 적절하게 잘 사용해야 합니다. 반면에 언어를 잘못 사용하면 삶의 문제가 더 꼬이게 됩니다. 그러니 자꾸 말을 되풀이하게 됩니다. '입은 재앙의 문' 이라는 말이 있듯이 언어는 매우 위험한 도구입니다. 잘못 쓰면 오히려 사실과 진실을 왜곡시키고 문제를 더 어렵게 만듭니다. 따라서 조심조심 잘 다루어야 합니다.

그렇다면 문제가 꼬이지 않고 잘 풀리는 도구가 되도록 언어를 사용하려면 어떻게 해야 하는가? 전통적으로 동양에서는 중도, 실사구시, 현대 사회에서는 과학적 사고와 태도로 다루어야 한다고 했습니다. 자신이 살고 있는 삶의 사실과 진실 또는 객관적 상황의 사실과 진실에 근거하여 있는 것을 있다고 말하고, 없는 것을 없다고 말합니다. 이것을 이것이라 말하고, 저것을 저것이라고 말합니다. 어떤 조작도 없이 자신의 삶과 객관적 상황의 엄연한 사실과 진실에 일치하도록 양심에 따라 정직하게 말하는 것을 중도, 실사구시, 과학적 사고와 태도로 언어를 사용한다고 할 수 있습니다.

만약 책에서 보았거나 또는 누구에게서 들은 내용을 사실 확인도 하지 않은 채 그 말만 갖고 문제를 다루면 말에 속거나 말의 노예가 됩니다. 말을 하면 할수록 진실이 더 왜곡되고 문제가 더 혼란스럽게 됩니다. 삶의 무게를 천근만근 더 무겁게 하고, 고통과 절망에 빠지게 합니다.

예를 들어, 책에서 "거북이 털은 죽은 사람을 살려낸다."라는 글을 보았습니다. 책에 그렇게 나와 있기 때문에 아무런 사실 확인도 하지 않고 그냥 믿습니다. 그러고는 아무런 의심도 하지 않고 신념에 찬 말을 합니다. 그러나 사실에 근거하지 않은 내용이므로 확신을 갖고 말을 하면 할수록 진실은 더 왜곡되고 문제는 더 혼란스러워집니다. 그뿐만이 아닙니다. 맹목적인 확신 때문에 실재하지도 않는 거북이 털을 구하기 위해 목을 매게 됩니다. 틀림없다는 확신으로 목을 매면 맬수록 삶의 무게는 천근만근이 됩니다.

죽을힘을 다해 노력하면 할수록 혼란과 고통이 더 커지고 깊어집니다. 그 이유가 무엇이겠는가? 말에 속고 말의 노예가 된 결과일 뿐 그 밖의 다른 그 무엇도 아닙니다.

또 다른 예를 들어보면, "불은 뜨겁다."라는 말을 선생님에게서 들었습니다. 불의 뜨거움에 대해 동서고금의 자료를 인용하면서 거듭 설명을 합니다. 아무리 많은 설명을 해도 불의 뜨거움을 경험한 적이 없는 사람을 이해시키는 것은 불가능합니다. 온갖 권위 있는 자료를 근거로 제시하면서 설명하지만 설명할수록 더 복잡해지고 어려워질 뿐입니다. 언어가 갖는 현실적인 한계를 분명하게 알아야 합니다. 그렇다면 언어가 갖는 한계와 위험을 극복하는 길은 무엇인가? 중도, 실사구시, 과학적 사고와 태도로 언어를 다루는 것입니다. 이 길 말고는 다른 길이 있지 않습니다.

다시 말해서 "거북이 털은 죽은 사람을 살려낸다.", "불은 뜨겁다."라는 말을 구체적 사실에 직결시켜 보면 거북이 털이 본래부터 실재하지 않음이 바로 드러납니다. 불의 뜨거움을 경험하면 구구한 설명이 필요하지 않습니다. 온갖 억측과 혼란과 한계로부터 바로 자유로워집니다. 지금까지 이야기한 내용을 정리해 보면 다음과 같습니다.

- 거북이 털이 본래 있지 않다는 사실이 확연해집니다. 있네, 없네, 맞네, 틀리네 하고 다투거나 혼란스러워할 이유가 없습니다.

◉ 본래 없는 거북이 털이 죽은 사람을 살려낼 리 만무합니다. 말만 있을 뿐 아무런 근거도 없는 거짓임이 분명해집니다. 당연히 목맬 이유가 없으므로 삶이 무겁고 고통스러울 까닭이 없습니다.

◉ 불의 뜨거움을 직접 경험하면 불이 뜨겁다는 말을 바로 이해합니다. 불의 뜨거움을 이해시키지 못하는 한계로부터 즉시 벗어나게 됩니다. 억측과 왜곡과 혼란에 빠질 이유가 없습니다.

　　언어를 실사구시적으로 다루는 일이 삶의 문제를 풀어가는 데 절대적 영향이 있음을 알 수 있습니다. 재앙의 문이 되기도 하고, 천 냥 빚을 갚게도 하는 대단한 위력을 갖고 있는 기적의 도구가 언어임을 실감하게 됩니다. 세상에는 이치가 있습니다. 이치에 맞게 삶을, 언어를 다루어야 노력한 만큼의 희망이 이루어지는 법입니다.

생
명
에

대
한

이
야
기

●

언어를 실사구시적으로 다루려면 놓쳐서는 안 될 일이 있습니다. 언제나 말에 속거나 노예가 되고 있지 않은지를 진지하게 살펴봐야 합니다. 언어는 반드시 그 대상이 있는 법입니다. 돌이라는 말은 돌이라는 물건을 대상으로 만들어집니다. 돌이라는 물건을 대상으로 하지 않고는 돌이라는 말은 처음부터 성립되지 않습니다. 마찬가지로 생명이라는 말도 분명하게 그 대상이 있습니다. 항상 정확하게 그 대상과 직결시켜 보아야 합니다. 그래야만 생명이라는 말이 구체적으로 어디에 무엇을 지칭하고 있는지가 확실해집니다. 생명이라고 하는 말은 일단 지금 여기에서 구체적 사실로 생생하게 살아 활동하고 있는 너의 생명과 나의 생명을 지칭함을 전제로 합니다.

　　일반적으로 내 생명은 내 안에 따로 있고, 네 생명은 네 안에 따로 있는 것으로 믿고 있습니다. 그 누구도 내 생명과 네 생명에 대한 자신의 지식과 믿음에 대해 의심하지 않습니다. 당연히 그렇다고 여기기 때문에 진지하게 따져보지도 않습니다. 정말 자신의 지식과 믿음처럼 내 생명은 내 안에, 네 생명은 네 안에 따로 분리되어 있는 것일까? 참으로 많은 이야기들이 오갔습니다. 구체적 사실과 진실에 직결시켜 이렇게도 따져보고 저렇게도 따져보았습니다.

아무리 따져보아도 내 안에 따로 있는 내 생명도, 네 안에 따로 있는 네 생명도 있지 않았습니다. 내 밖에 따로 있는 내 생명도, 네 밖에 따로 있는 네 생명도 찾을 수 없었습니다. 한 번도 의심하지 않았던 내 생명에 대한 자신의 지식과 믿음이 아무런 사실적 근거도 없는 허구임을 부정할 수가 없었습니다. 철석같이 확신해 온 자신의 지식과 믿음이 구체적 생명의 실상과는 전혀 무관하게 관념적이고 추상적으로 다루어지고 있음이 확실해졌습니다. 내 생명이 내 안에 따로 있다는 우리들의 지식과 믿음은 그야말로 구체적 생명과는 무관한 관념일 뿐이었습니다. 네 생명이 네 안에 따로 있다는 너와 나의 지식과 믿음은 놀랍게도 구체적인 현실 생명과는 천리만리 동떨어진 그야말로 말일 뿐이었습니다.

지금 여기 내 생명의 실상을 형상화시킨 생명평화 로고 가운데 구체적으로 한 가지만 짚어보겠습니다. 태양이라는 대상에 의지해야만 내 생명이 만들어지고 삶이 가능합니다. 태양이라는 대상을 떠나서는 내 생명이 만들어질 수도 없고 살아갈 수도 없습니다. 내 생명처럼 네 생명의 경우도 그렇습니다. 아무리 살펴보아도 대상과 분리 독립되어 나 홀로 존재하는 내 생명이란 어떤 형태로도 존재하지 않습니다.

태양과의 관계처럼 산, 숲, 들, 강, 동물, 생물, 이웃, 부모, 너 등 여타의 모든 관계들도 마찬가지입니다. 내 생명처럼 네 생명의 경우도 털끝만큼의 예외가 없습니다. 전후, 좌우, 상하, 내외로 찾고 또 찾아보았습니다. 그 어디에도 서로 분리 독립된 내 생명과 네 생명의 실체는 보이지 않습니다. 내 안에 있다고도 내 밖에 있다고도 말할 수 없습니다. 어디까지가 내 생명이고, 어디까지가 내 생명이 아닌지 한계를 찾을 수가 없습니다. 굳이 비유하자면 흐르는 강물처럼 존재한다고 하겠습니다. 강물은 상하, 좌우, 내외의 총체적 관계에 따라 스스로 흐르고 존재합니다. 강물을 흐르게 하는 그 누구 그 무엇도 따로 있지 않습니다. 총체적 관계의 조건에 따라 스스로 흘러가면서 존재하는 것이 강물입니다. 지금 여기 내 생명도 강물처럼 총체적 관계의 조건에 따라 스스로 생성, 소멸, 순환하고 있습니다.

실로 생명의 실상은 불가사의합니다. 생명에 대해 어떻게 설명하고 표현해야 할지 아득합니다. 언어의 한계, 언어의 위험성을 실감하게 됩니다. 비록 그렇다 하더라도 언어를 떠나서는 살 수 없음도 엄정한 현실입니다. 불가피하게 언어를 사용할 수밖에 없는 것이 인간들의 운명이기도 합니다.

지금까지 내 생명의 문제를 실사구시적으로 다룬 내용을 간추려 보겠습니다.

첫째, 생명이란?
- 그물의 그물코처럼 온 우주가 참여하는 총체적 관계로 이루어진 존재가 지금 여기 내 생명입니다.
- 지금 여기에서 상대들과의 조화로운 관계의 조건에 따라 온전히 살아 있는 존재가 내 생명입니다.
- 분리 독립, 고정 불변하지 않고 총체적 관계의 조건에 따라 끊임없이 변화하는 존재가 내 생명입니다.
- 너이면서 나이고 나이면서 너이며 自他不一不二, 우주가 곧 나이고 내가 곧 우주인 영원과 무한의 존재가 내 생명입니다.

둘째, 지금 이 시점에서 굳이 생명을 이야기해야 하는 까닭이 무엇인가?
- 동서고금, 남녀노소, 빈부귀천 등 그 누구에게나 현실적으로 가장 절실한 지금 여기 자신의 문제이기 때문입니다.
- 국가, 종교, 이념 등 그 무엇보다도 우선하는 가치이기 때문입니다.
- 누구나 가장 소중한 자신의 문제이며, 유일무이한 가치이므로 기존의 너와 나, 국가와 국가, 종교와 종교, 이념과 이념의 벽을 넘어 만나고 대화하고 함께 풀고 가꾸어 가야 할 절체절명의 과제이기 때문입니다.

- 파괴적인 현대 문명의 모순과 위험, 그에 길들여져 버린 자기모순을 극복하고 생명 살림, 평화 살림의 대안 문명과 대안적 삶을 열어가는 길이 이 길뿐이라는 자각과 필요성 때문입니다.

평화에 대한 이야기

●

사람들은 늘 평화를 이야기합니다. 평화를 찾아 절, 교회, 인도, 티베트, 히말라야를 가곤 합니다. 그곳에서 평화를 느끼고 왔다며 다시 가고 싶어 합니다. 평화를 찾아 이곳저곳을 기웃거리며 돌아다니는 우리 삶의 실상을 따져보십시오. 평화에 대한 환상을 쫓거나 착각에 빠져 지내고 있는 것이 우리들의 자화상임을 알게 됩니다.

일상적으로 평화라는 말은 무성한데 현실적으로 평화의 삶은 있지 않습니다. 평화는 어디에 있을까? 평화의 정체는 무엇인가? 실사구시의 입장에서 평화라는 말을 지금 여기 현실로 갖고 왔습니다. 그리고 누구나 이해할 수 있도록 하기 위해 구체적 사실과 진실에 연결시켜 참으로 많은 이야기들을 나누었습니다. 그렇지만 아무리 따져보아도 평화는 보이지 않았습니다. 평화의 정체를 알 수 없었습니다. 내 안에 있는 것도 아니고, 내 밖의 교회, 절, 인도, 하늘 등 그 어느 곳에 있는 것도 아니었습니다. 과거, 현재,

미래 그 어디에도 무지갯빛 평화는 있지 않았습니다. 굳이 말하자면 평화는 손뼉소리와 같은 존재였습니다. 조건이 형성되면 그 순간 그 자리에 현재의 삶으로 나타나는 것이 평화였습니다. 조건이 만들어지지 않으면 시공간 그 어디에도 말로만 있을 뿐 삶으로는 존재하지 않았습니다. 손뼉소리처럼 평화는 안에 있다거나 밖에 있다고 할 수 없었습니다. 누구에 의해 주어지거나 특정한 장소에 있는 것도 아니었습니다. 지금 여기에서 주체적으로 보편적 진리의 길인 생명의 질서에 따라 낮춤·비움·나눔·존중·배려·감사 등 평화의 조건을 만들면 있는 것이고, 조건을 만들지 않으면 없는 것이 평화였습니다. 조건 따라 있기도 하고 없기도 하는 것이 평화였습니다.

논리적으로 평화의 상태가 어떤 것인지 그 조건이 무엇인지에 대해 짚어보겠습니다. 평화라는 말은 진리를 외면한 반생명, 비인간적인 행위인 싸움, 전쟁에 대한 상대적 표현입니다. 싸움과 전쟁의 원인인 무지, 불신, 불만, 갈등, 대립, 불안, 공포, 분노, 증오가 없는 상태 즉 싸움과 전쟁이 없는 상태가 평화인 것입니다. 화목과 평화의 원인인 이해, 존중, 비움, 나눔, 관용, 만족이 있는 상태 즉 신뢰와 사랑이 작동하는 상태가 평화입니다. 이 정도일 뿐, 그 밖의 특별한 무엇이 있지 않습니다.

평화는 그 어디에 있는 것도, 그 누구에 의해 주어지는 것도 아닙니다. 오직 주체적으로 평화의 삶을 살아야만 실현되는 것이 평화입니다. 그렇다면 그 평화는 어떻게 가능한가?

먼저 주체적인 자기 정체성 또는 보편적 진리의 세계관을 확립(내 생명, 내 존재에 대한 자각)해야 합니다. 나는 어떤 존재인가? 내 생명의 실상은 본래 분리 독립되어 있지 않습니다. 서로 의지하고 돕는 관계 속에 존재합니다. 온 우주가 모두 참여하여 이루어진 것이 지금 여기 내 생명입니다. 내가 곧 너이며, 네가 곧 나입니다. 홀로 이면서 전체이고, 전체이면서 홀로이며, 따로이면서 함께이고, 함께이면서 따로입니다. 내가 곧 우주며, 우주가 곧 나입니다. 생명의 진리인 모심과 섬김으로 온전하게 잘 어울려 평화롭게 존재하고 활동하는 상태가 회복해야 할 생명의 본래 모습입니다. 존재의 실상인 이 사실에 대해 온전하게 이해하고 확신해야 합니다.

다음은 정체성에 대한 깨어 있음과 집중(흔들림 없는 평정)을 가꾸는 것입니다. 주체적으로 존재의 실상인 불일불이의 한몸 한생명의 관점에서 나와 너, 나와 사회, 나와 자연 등 매 순간 상황마다의 실상을 잘 보고 파악하고 이해하여 지혜롭게 깨어 있어야 합니다. 어떤 상대, 어떤 상황에서도 동요하지 않을 수 있는 침착함, 부드러움, 여유로움, 안정됨, 흔들림 없음, 즉 주체적으로 평정의 상태를 유지해야 합니다. 이것이 평화를 실현하기 위해 주체적으로 갖추어야 할 조건입니다.

이 밖에도 생리적 조건, 사회적 조건, 자연 환경적 조건 등 갖추어야 할 조건들이 총체적입니다. 기본적으로 주체적 조건을 확립하면 기타의 조건들을 효율적으로 조절하고 활용할 수 있습니다.

위에서 정리한 것처럼 불일불이의 한몸 한생명인 진리의 세계관을 갖고 늘 지혜롭게 깨어 있음과 집중(흔들림 없는 평정)의 상태로 자신을 대하고 상대를 대하고 사건을 대하고 사회를 대하고 자연을 대해야 합니다. 그러할 때 평화의 길을 찾게 되고, 평화의 상태를 유지하게 됩니다.

평화는 결코 도달해야 할 목적지로 존재하지 않습니다. 끊임없이 조건을 만들어 가는 과정의 산물이 평화입니다. 한마디로 평화의 조건은 평화로움 자체입니다. 평화에 도달하는 길은 평화로움 말고 다른 길이 있지 않습니다. 그 어디 그 누구도 평화로움을 떠나 평화에 도달할 수 있는 곳, 평화에 도달할 수 있는 사람은 있지 않습니다. 왜냐하면 세상 이치가 그러하기 때문입니다. 끊임없이 가꾸어 낸 평화로움만이 평화에 도달하는 유일하고 확실한 길입니다. 이 길은 영원한 진리입니다.

직접 경험한 구체적인 사례를 하나 소개하겠습니다.

상이암에서 일구어 낸 평화 _

산짐승들만 오가는 깊은 산중 절이었습니다.
지저귀는 새소리가 정겨운 적막한 산중도량 상이암에

서, 순례단은 두 시간이 넘도록 평화에 대해 대화를 나누었습니다.
자리를 정리하면서 진행자가 물었습니다.
"지금 평화롭습니까?"
순례단원들이 밝고 상쾌한 표정을 지으며,
"예, 평화롭습니다." 하고 대답했습니다.
"평화가 어디에 있습니까?"
"지금 여기 우리들에게 있습니다."
"평화가 어디에서 왔습니까?"
"지금 여기에서 함께 만들었습니다."
"평화가 무엇입니까?"
"편안함, 여유로움, 자유로움, 흐뭇함, 만족스러움, 어울림 들입니다."
"누가 평화를 만들었습니까?"
"우리들이 만들었습니다."
"무엇이 우리를 평화롭게 합니까?"
"몸과 마음이 현재에 온전하게 존재함, 서로에 대한 신뢰와 애정이 가득함, 배부르고 등이 따뜻함, 주제에 대한 집중과 자유로운 대화, 소통, 공감, 정교한 대화 방법과 기술들이 우리를 평화롭게 합니다."
"살펴본 바와 같이 평화에 대한 여러 가지 조건들이

갖추어진 상태가 평화입니다. 잘 알고 있듯이 평화는 뭇 생명들의 원초적 염원입니다. 지금 우리들이 뭇 생명의 절절한 염원인 평화를 이루어 냈습니다. 참으로 멋진 기적이 일어난 것입니다. 우리들은 평화를 일구어 낸 기적의 주인공들입니다. 여기에서 가능한 것은 어디에서나 가능합니다. 우리에게 가능한 것은 누구에게나 가능합니다. 기적의 주인공은 언제나 너와 나, 그리고 우리들입니다. 신비의 현장은 언제나 지금 여기입니다. 평화가 이루어진 그때, 그곳이 바로 천국이요 극락입니다. 평화를 이루어 낸 너와 나, 그리고 우리들이 그대로 예수요 부처입니다. 어떻습니까? 이 밖에 더 필요한 것이 있습니까? 아니면 이 정도면 충분합니까?"
"충분합니다."
순례단원 모두가 환하게 웃으며 박수를 치고 대화의 자리를 정리했습니다.

백(100)에 대한 이야기

●

백이라는 숫자는 부족함과 결함이 없는 온전함과 완전함의 상태를 나타냅니다. 생명평화 백대서원에서의 백은 생명평화의 조건을 온전하게 또는 완전하게 갖춤을 뜻합니다. 언제 어디서든 누구나 일상 속에서 생명평화 백대서원문의 내용대로 보고 생각하고 말하고 행동하고 생활하면 바로 그 순간 그 자리에서 생명평화의 삶이 완전하게 이루어진다는 의미입니다.

위대함(大)에 대한 이야기

●

왜 위대하다고 하는가? 생명평화의 삶을 실현하는 데 절대적으로 없어서는 안 되는 근본적인 것, 그 자체로 반드시 있어야 하는 성스러운 것이기 때문에 위대하다고 합니다. 서원문 내용 하나하나 그 자체가 생명평화의 삶을 실현하는 데 반드시 갖추어져야 하는 절대적으로 중요한 조건임을 의미합니다.

    여기에서 주의할 점은 규모의 작음에 대한 큼, 수의 적음에 대한 많음처럼 상대적 의미의 큼과는 본질적으로 다름을 놓쳐선 안 됩니다. 마치 물은 물 그 자체로 개성과 가치가 절대적으로 중요합니다. 그야말로 위대한 것입니다. 흙은 흙 그 자체로 개성과 가치가 절대적으로 중요합니다. 그 위대함이 물과 마찬가지입니다. 위대함의 본래 의미를 잘 파악하고 이해하는 일의 중요함을 염두에 두어야 합니다.

서원에 대한 이야기

서원은 맹서와 발원의 준말입니다. 보편적 진리의 길을 가려고 하는 주체적인 각오와 다짐, 사회적 각오와 다짐, 부처님·하느님을 향한 각오와 다짐을 하는 것이 서원입니다. 존재의 실상인 진리에 일치하는 삶을 살아가겠다고 맹서하고 발원하는 삶을 뜻합니다.

　서원의 내용에는 소유의 마음과 논리에 의한 인간 중심, 집단 중심, 자기중심의 이기적 태도는 용납되지 않습니다. 사적이고 이기적인 태도를 철저히 극복하고 넘어서야 합니다. 왜 그래야 하는가? 진리의 길, 법의 길, 하느님의 길, 본래부처의 길에 어긋나기 때문입니다. 소유의 사고와 논리를 버리고 오로지 생명의 진리, 공동선, 부처님과 예수님의 뜻, 그리고 보편적 진리에 의해 작동하는 자신의 원초적 양심의 소리를 온전히 지금 여기 내 삶, 우리들의 삶이 되도록 하겠다는 각오와 다짐이 서원인 것입니다.

　참다운 서원은 생명평화의 삶으로 나아가는 첫출발이며 그

서원이 얼마나 올바르고 확고한가에 따라 생활의 수행화, 수행의 생활화가 좌우됩니다. 보편적 진리의 정신에 입각한 확고한 서원은 생명평화의 삶인 수행의 생활화, 생활의 수행화를 실현하는 든든한 터전이며 생명평화의 시작과 과정과 끝의 전부라고 해도 지나치지 않습니다.

절에 대한 이야기

●

합장이란_

이 세상 그 누구 그 무엇도 본래 분리 독립된 것은 없습니다. 그물의 그물코처럼 서로 의지하고 도우며 존재하는 것이 나요, 너요, 우리요, 세상입니다. 몸과 마음, 너와 나, 인간과 자연이 온통 불일불이입니다. 그 불일불이함을 구체적으로 표현하는 행위가 합장입니다. 합장은 서로 의지하고 도우며 불일불이로 존재하는 한몸 한 생명의 실상을 온전하게 나타내는 몸짓입니다.

절이란_

너 없는 나는 존재하지 않습니다. 너에 의지해서만 나는 존재할 수 있습니다. 너를 상대로 한 나는 무한히 작은 자요, 무소유자요, 낮은 자입니다. 끊임없이 자기를 낮추고, 비우고, 나누어야 하는 자입니다. 낮은 자, 비우는 자, 나누는 자의 온전한 몸짓이 엎드려 절하는 것입니다. 절이란 주체적으로 낮은 자, 비우는 자, 나누는 자의 삶을 온전하게 실천하는 몸짓입니다.

　그대에 의지하여 내가 존재합니다. 그대 없는 나는 존재하지 않습니다. 나를 존재하게 하는 그대는 무한히 높은 자요, 귀한 자요, 고마운 자입니다. 언제 어디에서나 항상 모시고, 배려하고, 감사해야 할 대상입니다. 높고 귀하고 고마운 상대에 대한 섬김과 모심의 온전한 몸짓이 엎드려 절하는 것입니다. 절이란 상대를 섬기고 모시는 일을 온몸으로 온전하게 실천하는 몸짓입니다. 끊임없이 불일불이로 존재하는 본래의 모습처럼 온전히 불일불이가 되게 하는 실천이 절입니다.

　몸과 마음을 모아 절하는 일은 바로 지금 여기에서 자신의 존재를 온전하게 사는 일이요, 자신의 존재를 온전하게 사는 일은 바로 생활의 수행화, 수행의 생활화입니다. 생활의 수행화, 수행의 생활화가 그대로 부처의 삶이요, 예수의 삶입니다. 부처 행위 하면 그대로 부처요, 예수 행위 하면 그대로 예수입니다. 부처와 예수라는 말은 생명평화의 삶을 온전하게 살아가는 존재임을 뜻합니다. 이 밖의 다른 무엇을 찾아다니는 것은 부질없는 헤매임에 지나지 않음을 깊이 인식할 일입니다.

명
상
에

대
한

이
야
기

●

명상이란 존재의 실상, 존재의 진리에 대하여 언제나 깨어 있음과 집중(흔들림 없는 평정)을 가꾸는 실천을 뜻합니다. 바람직한 명상을 위해서는 먼저 존재의 실상, 존재의 진리에 근거한 보편적 세계관을 확립해야 합니다. 보편성을 내용으로 하는 진리의 세계관 없이 맹목적으로 단순하게 깨어 있음과 집중(흔들림 없는 평정)에만 몰두할 경우, 부질없는 관념의 환상에 놀아나거나 신비주의에 빠질 위험이 있습니다.

　　여기에서의 명상은 존재의 실상에 입각한 생명평화의 세계관과 철학과 실천 방법을 담고 있는 서원문에 대하여 언제 어디에서나 늘 깨어 있고 흔들림 없게 하고자 하는 실천을 의미합니다.

　　진리의 세계관에 근거한 서원문 내용대로 사고하고, 말하고, 행동하고, 생활하면, 바로 그 순간 생명평화의 삶이 나의 삶,

우리의 삶으로 실현된다는 자각과 믿음으로 실천하는 것이 「생명평화 백대서원 절 명상」입니다.

왜 「생명평화 백대서원 절 명상」을 해야 하는가?
한마디로 우리들의 몸과 마음의 병, 그리고 현실적 삶의 문제를 근본적인 관점에서 바람직하게 치유하고 해결하고자 함입니다. 절을 할 때마다 듣고 음미하는 백대서원의 내용은 모든 문제의 발단이 되고 있는 우리들의 그릇된 소견머리와 태도를 바로잡게 합니다. 모든 문제의 해결을 이끌어 내는 데 첫걸음이 되는 올바른 소견머리와 태도를 확립하게 하는 것이 백대서원의 내용입니다.

　　몸과 마음을 모아 온몸으로 지극하게 하는 절은 현실적 문제의 원인이 되는 몸의 무기력과 온갖 질병을 치유합니다. 현실의 문제를 힘차게 해결해 나갈 수 있는 몸의 활력과 건강을 회복시켜 주는 것이 절입니다. 몸과 마음을 모아 잘 듣고, 음미하고, 절하는 것이 온전히 하나 되게 하면 그 과정에서 우리들의 마음의 무기력과 질병이 치유되고, 현실의 문제를 잘 풀어나가는 안목과 힘이 발현됩니다. 지극한 정성을 다하여 몸과 마음이 하나 되도록 백대서원의 내용을 듣고 음미하며 절을 하면 그 자리, 그 순간, 그 자체가 그대로 생명평화의 상태인 것입니다.

　　뭇 생명의 원초적 염원, 우리들의 사회적 염원인 생명평화의 삶, 생명평화의 세상을 실현하는 길이 여기에 있기 때문에 백대서원 절 명상을 하는 것입니다. 백대서원 절 명상의 내용은 생명평화의 길을 제대로 가고 있는지의 여부를 비추어보는 거울이기도 합니다. 올바른 인식과 태도로 꾸준하게 백대서원 절 명상을 생활화하면 반드시 생명평화의 삶, 생명평화의 사회가 이루어진다는 신념을 얻게 될 것입니다. 따라서 더 많은 친구와 이웃들이 함께할 수 있도록 마음을 모아야 할 일입니다.

「생명평화 백대서원 절 명상」 방법에 대하여 _

수행이란 추구하고 실현해야 할 존재의 궁극적 진리와 가치를 지금 여기 자신의 체질이 되고 삶이 되도록 하기 위해 반복, 수련하는 것을 뜻합니다. 절 명상 수행도 마찬가지입니다. 우리가 실현하고자 하는 생명평화 백대서원이 지금 여기, 너와 나, 그리고 이웃과 사회의 사고, 언어, 행동이 되고 나아가 일상적 삶의 문화가 되도록 하기 위해 반복, 수련하는 것입니다.

- 장소와 시간은 상황에 따라 적절하게 조절하여 정합니다.
- 개인이 할 때에는 본인이 좋아하는 대상, 또는 방향을 향해서 합니다.
- 가족, 친구, 단체 등 여러 사람이 함께할 때는 원으로 둘러서서 마주 바라보며 합니다(내가 상대하는 그 사람이 그대로 하늘님이므로 잘 모시고 섬기는 실천을 위해 서로 마주 바라보며 절을 하는 것임).
- 몸과 마음을 모아 서원의 내용을 깊이 듣고 음미하고 동작하는 것이 온전히

하나 되게 절을 합니다.
◉ 매번 서원문 낭독이 끝나고 다음 낭독을 시작할 때까지 그 사이에 들은 내용을 되새기고 다짐을 합니다.

여타의 그 무엇에도 신경 쓰지 말고 절할 때마다 몸과 마음을 하나로 모아야 합니다. 시작부터 끝까지 서원의 내용을 잘 듣고 새기고 다짐을 하며 절하는 데 오롯이 집중하는 것이 핵심입니다. 몸의 자세를 바르게 하여 지극하게 절을 잘하면 몸의 병이 치유되고, 마음의 자세를 바르게 하여 잘 듣고 음미하고 깊이 새기면 마음의 병이 치유되어 우리의 염원인 생명평화가 자신의 체질이 되고 삶이 됩니다.

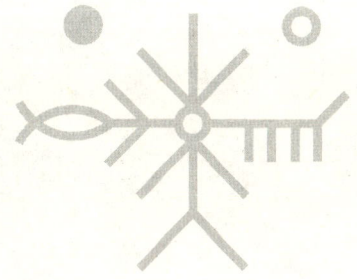

생명평화 탁발순례의 길...

우리 삶은 그물의 그물코처럼 따로이면서 함께,
함께이면서 따로, 홀로이면서 전체,
전체이면서 홀로 살도록 이루어졌습니다.

내 생명이 살고 싶은 삶은
평화로운 삶입니다.

평화로운 삶은 자기를 낮추고 비우고 나누며,
상대를 존중하고 배려하고 감사하는 삶을 통해 이루어집니다.

나를 사랑하지 않고 나를 사랑하는 길은 있을 수 없습니다.

가장 중요한 시간은 지금 이 순간입니다.
가장 중요한 사람은 지금 내가 만나는 그 사람입니다.
가장 훌륭한 일은 지금 만나는 그 사람에게
정성과 사랑을 다하는 일입니다.

□□ 사진_생명평화결사

삶의 올바른 방향과 길을 따라 걸어가면 가는 만큼
삶의 문제가 풀리고 우리의 바람이 실현되지만,
그릇된 삶의 방향과 길을 따라 걸어가면 갈수록
문제가 꼬이고 우리의 바람과는 점점 더 멀어지게 됩니다.

그물처럼...

세계는 본래 그물의 그물코처럼 불일불이의 생명 공동체입니다.
세계가 마치 살아 있는 그물이라면 낱낱 존재들은 그물코와 같습니다.

기적의 주인공은 언제나 너와 나,
그리고 우리들입니다.

신비의 현장은 언제나 지금 여기입니다.
평화가 이루어진 그때, 그곳이 바로 천국이요, 극락입니다.
평화를 일구어 낸 너와 나, 우리들이 그대로 예수요, 부처입니다.

● 강원도 태백 장성 성당 (2007. 8. 22.)

● 제주도 위령제 (2004. 5. 14.)

● 전북 새만금 (2006. 6. 20)

● 경남 밀양 보도연맹 위령제 (2004. 10. 9.)

● 충북 괴산 농활 (2007. 5. 7.)

● 전북 정읍 (2006. 6. 19.)

사진 _ 생명평화결사

강원도 철원에서 아이와 함께 (2007. 10. 27.)

경기 하남에서 책 읽는 스님 (2008. 7. 27.)

탁발순례어는마당. 전기중 님의 서예 퍼포먼스(2008. 5. 31.)

평택 미 공군기지 (2008. 7. 17.)

화성호 방조제 (2008. 07. 12.)

광주 나눔의 집 (2008. 07. 25.)

사진 . 생명평화결사

존재의 실상을 제대로 알고 그 안에 있는 진리의 길을 주체적으로 실천하는 길이
참된 삶의 길이요, 희망의 길입니다.

너이면서 나이고 나이면서 너이며,
우주가 곧 나이고 내가 곧 우주인 영원과 무한의 존재가
내 생명입니다.

● 경남 밀양 오순절 평화의 마을 (2004. 10. 9.)

● 공부방 학생들에게 생명평화 강연 (2006. 5. 24.)

● 경기 오산 오산천 (2008. 07. 15.)

● 경기 광명 평생교육원 강연 (2008. 07. 05.)

● 경기 오산 (2008. 07. 15.)

● 경기 안성 천주교 미리내성지 (2008. 7. 19.)

● 경기 화성 매향리 (2008. 7. 12.)

● 경기 광주 남한산 초등학교 강연회 (2008. 7. 25.)

● 부산 (2004. 6. 4.)

● 성공회교회 100배 절 명상 (2008. 6. 19.)

● 경기 시흥 야외 강연 (2008. 7. 8.)

● 직두리 골프장 건설 계획 관련 (2008. 06. 15)

사진 생명평화결사

● 백대서원 절 명상 수행 ●

생명평화 백대서원은 생명평화경과 서약문의 내용을 기본으로 더 보태고 나누고 변화시켜 만들었습니다. 진리의 약을 병에 따라 적절하게 사용하여 심신의 병을 치유함으로써 내 생명의 진면목을 회복하고자 하는 것이 생명평화 백대서원 절 명상입니다. 진리가 현실에 실현되도록 하기 위해 여러 형태의 실천상을 제시한 것입니다.

진리는 늘 현실에 살아 있습니다. 살아 있으므로 그 어디 그 무엇으로도 가두어 놓아서는 안 됩니다. 이유 여하를 막론하고 정체되는 일이 없어야 합니다. 정체되는 순간, 절대화시키는 순간 진리는 왜곡되고 죽습니다. 왜곡되거나 죽은 진리는 독으로 변하여 삶을 왜곡시키고 병들게 합니다. 종교 갈등과 종교 전쟁, 이념 갈등과 이념 전쟁 따위가 바로 독이 된 진리로 인하여 벌어진 현상입니다. 따라서 진리의 왜곡과 죽음을 막아야 합니다. 진리가 현실에 살아 있게 해야 합니다.

진리가 현실에 살아 있게 하는 길은 분명합니다. 늘 주체적으로 실천되어야 하고 허심탄회하게 열려 있어야 합니다. 끊임없이 새롭게 창조되고 승화되어야 합니다. 적재적소에 잘 응용되어야 합니다. 병에 따라 약을 쓰듯이 구체적 상황에 따라 적절하게 사용되어야 합니다.

진리가 자유롭듯이 끊임없는 자유정신, 창조정신, 실험정신을 활발발하게 하는 것이 진리를 현실에 살아 있게 하는 유일하고 확실한 길입니다. 생명평화 백대서원 절 명상은 진리를 현실에 살아 있게 하는 동시에 삶의 문제에 대한 해결의 길도 열어가게 합니다. 깊이 음미하고 깊이 새길 일입니다.

절 명상 I

주체적으로 진리가 삶을 자유롭게 한다고 하신 스승의 말씀을 마음에 새기며 절을 올립니다.

언어로 표현된 그 어떤 내용도 구체적 실상에 직결시켜서 보편적 진리(사실과 진실)에 근거하는지, 경우에 맞는지를 실사구시적으로 따져보아야 합니다. 현실적으로 검토해 보았을 때 진리에 근거하지 않고 경우에 맞지 않는데도 적당히 수긍하고 받아들여서는 안 됩니다. 진리에 근거하고 경우에 맞는다면 전심전력을 다하여 사유, 음미하고 실천해야 합니다. 삶의 문제를 이렇게 다루는 것을 중도, 실사구시적으로 한다고 합니다. 백대서원 한 구절 한 구절도 마찬가지입니다.

그러면 삶을 자유롭게 하는 진리란 무엇을 뜻하는 것인가? 진리가 어떻게 삶을 자유롭게 할 수 있는가? 진리란 글자 그대로 풀이하면 세상의 참된 이치, 세상의 참된 원리, 세상의 바른 도리, 세상의 참된 법칙이라고 할 수 있습니다. 진리는 보편적입니다. 무한히 열려 있고 무한히 자유롭습니다. 공간적으로는 무한, 시간적으로는 영원합니다. 언제 어디서든 누구에게나 공평하게 적용되는 것을 진리라고 합니다. 인간과 자연, 일본과 한국, 미국과 이라크, 남과 북, 불교와 기독교, 좌와 우, 진보와 보수, 부자와 가난한 자, 노동자와 자본가, 너와 나, 남녀노소 등 모두에게 공통적으로 공평무사하게 적용되는 보편성의 내용을 진리라고 합니다.

예를 들어, 모든 존재는 상호 의존하고 변화한다, 태어난 자는 반드시 죽는다, 만난 자는 반드시 헤어진다, 꽃이 피면 반드시 떨어진다, 물을 마시지 않으면 죽는다, 밥 먹어야 산다, 산소를 호흡하지 않고는 살 수 없다 등은 상호 의존성과 상호 변화성의 보편적 진리에 의해 이루어지는 엄연한 사실로서 과거 현재 미래, 이곳저곳, 이 사람 저 사람 모두에게 한결같이 적용됩니다. 사실과 진실에 근거하여 공평무사한 것이 진리입니다.

그렇다면 진리는 어디서 찾을 수 있는가? 지금 여기 직면한 존재 자체에서 찾아야 합니다. 직면한 현재의 존재를 떠나서 다른 그 어디, 그 무엇에서 진리를 찾으려 해서는 안 됩니다. 왜냐하면 진리를 찾을 수도 없을 뿐만 아니라 나아가 헛된 환상을 쫓게 되는 위험이 있습니다. 오직 지금 여기 존재 자체에 직면해서 찾아야만 진리가 확연하게 드러납니다. 동시에 환상을 쫓는 위험으로부터도 자유로워집니다.

존재의 어떤 내용을 진리라고 하는가? 공간적 측면으로 보면 이 세상 그 어디, 그 무엇도 분리 독립해서 홀로 존재하지 않습니다. 서로 의지하고 돕는 관계로 존재합니다. 시간적 측면으로 보면 이 세상 그 어디, 그 무엇도 영원불변하게 홀로 존재하지 않습니다. 끊임없이 변화하는 흐름으로 존재합니다. 세계(존재)를 이루는 총체적 관계의 원리와 끊임없는 변화의 원리를 언어로 표현하여 보편적 진리라고 말합니다.

그런 진리는 현실적으로 누구나 이해할 수 있는가? 지금 여기 구체적 사실과 진실에 직결시켜 잘 보고 듣고 대화하고 짚어보면 누구나 이해하고 공감하고 수긍할 수 있습니다. 지금 여기에서 누구나 이해할 수 있고 실현할 수 있고 증명할 수 있는 것이 진리입니다. 마치 배고프면 밥 먹어야 한다는 엄연한 사실은 잘 보고 듣고 생각하고 경험해 보면 누구나 바로 이해하고 공감하고 실현할 수 있는 것과 같습니다.

진리는 절대 진리와 상대 진리로 설명됩니다. 절대 진리는 인간의 의도가 개입되기 이전의 우주 법칙, 자연 법칙, 언어로 표현되기 이전의 존재의 실상 그 자체를 뜻합니다. 상대 진리는 인간의 의도에 의해 만들어진 선과 악, 미와 추, 정의와 불의 등의 사회 법칙, 사회 질서, 또는 존재의 실상을 언어로 설명한 개념과 논리를 뜻합니다. 두 개의 진리는 불일불이입니다. 절대 진리인 우주 법칙이 무시되면 방향과 길을 잃게 됩니다. 상대 진리인 언어와 사회 질서가 무시되면 현실의 삶이 불가능하게 됩니다. 절대 진리는 상대 진리로 나타나야 하고, 상대 진리는 절대 진리에 근거하여 만들어지고 운영되어야 합니다. 절대 진리와 상대 진리는 균형과 조화를 이루어야 함을 의미합니다.

그러면 왜 진리의 길을 가야 하는가? 그 길 말고는 다른 길이 있지 않습니다. 주체적으로 반드시 가야 하는 참된 길입니다. 다른 길이 있을 거라고 생각한다면 그것은 무지와 착각으로 이루어진 진리에 어긋나는 잘못된 길입니다. 진리의 길을 가야 하는 이유는 그 길에 근거해야만 문제가 풀리고 우리들의 원초적 바람이 실현되기 때문입니다.

마지막으로 왜 진리가 삶을 자유롭게 하는 것인가? 진리의 속성이 자유이기 때문입니다. 시·공간 그 어디에도 머물지 않는 것이 진리입니다. 마치 흐르는 물과 같습니다. 물은 그 어떤 시·공간, 그 어떤 형태에도 머물러 있지 않습니다. 언제 어떤 상황에서도 자기 본성을 유지하면서 둥근 그릇을 만나면 둥근 모습이 되고, 네모난 그릇을 만나면 네모난 모습이 됩니다. 낭떠러지를 만나면 폭포가 되고, 웅덩이를 만나면 연못이 됩니다. 물은 영원히 자유로 존재합니다. 물처럼 진리도 그러합니다. 끊임없는 관계의 흐름으로 존재하는 진리에 일치하도록 주체적으로 생각하고 말하고 행동해야 합니다.

진리의 세계관대로 낮춤·비움·나눔·존중·배려·감사의 삶을 살아야 합니다. 바로 그 순간 우리들의 삶도 진리처럼 자유로워집니다. 생명평화의 삶이 온전히 실현됩니다.

절명상 2

끊임없는 자기 성찰과 올바른 현실 인식이 문제 해결의 첫걸음임을
마음에 새기며 절을 올립니다.

자기 성찰이란 말 그대로 자신의 삶을 잘 들여다보는 일입니다. 자신이 일상적으로 어떻게 생각하고 말하고 행동하는지 면밀하게 살피는 일입니다. 지극 정성을 다하여 정직하고 겸허한 자세로 자신의 삶을 파악하는 일입니다. 그리하여 근원적인 진리의 힘에 의해 작동하는 내면의 소리를 분명하게 듣고 스스로 그 소리에 부끄럽지 않게 또는 언제 어디에서나 자신과 상대에게 떳떳할 수 있도록 하는 것입니다.

올바른 현실 인식이란 말 그대로 객관적 사실을 잘 관찰하여 그 실상을 명확하게 파악하는 일입니다. 주의를 기울여 정밀하게 살피고 확인하여 문제와 사건을 잘 아는 일입니다. 그리하여 구체적 사실과 진실을 왜곡시키지 않음과 동시에 균형 있게 다룸으로써 사회 대중으로 하여금 수긍할 수 있도록 하는 것입니다.

왜 자기 성찰과 현실 인식이 필요한가? 삶의 문제를 제대로 파악하고 제대로 풀어내기 위해서입니다. 그러기 위해서는 현실의 실상과 그 원인을 사실적으로 파악하는 것이 그 출발입니다. 병과 원인을 잘 알아야 치유가 가능한 것과 같습니다. 자기 성찰과 현실 인식은 지금 여기에서 자기를 알고 상대, 사건, 사회를 알기 위한 구체적인 행위입니다. 문제와 원인을 사실적으로 파악하

는 일입니다.

　　먼저 지금 여기 내 삶의 실상을 봅시다. 연륜도 높아지고 지식도 늘어나고 가진 것도 많아졌습니다. 그럼에도 불구하고 왠지 편안하고 싶은데 편안하지 않습니다. 떳떳하고 싶은데 떳떳하지 않습니다. 자유롭고 싶은데 자유롭지 않습니다. 여유롭고 싶고, 아름답고 싶고, 평화롭고 싶고, 행복해지고 싶은데 그렇게 되지 않습니다. 참으로 모순과 혼란에 빠져 있는 것이 지금 여기 내 삶의 실상입니다.

　　두 번째로 지금 여기 객관적인 사회 현실의 실상을 봅시다. 불교인도 천만, 기독교인도 천만, 시민 역량도 대단히 커졌습니다. 대학도 박사도 많습니다. 자유·정의·사랑·평화·행복에 대한 이야기들도 활개치고 있습니다. 지식 정보도 넘쳐나고, 과학 기술도 고도화되고, 물질적으로도 풍요로워지고, 생활도 한없이 편리해지고, 정치 사회적으로 민주화도 이루어졌습니다. 대단한 변화와 발전입니다. 그런데도 대중의 바람처럼 편안하고 아름답고 평화로운 세상이 되고 있지 않습니다. 오히려 모순과 혼란, 부작용과 위험이 끊임없이 확대 재생산되고 있습니다.

　　미래가 불확실함은 물론 더 악화될 것이라는 전망입니다. 어처구니없게도 길을 잃고 우왕좌왕하고 있는 것이 현대 사회의 현주소입니다. 왜 이렇게 되는 것일까. 이제 어떻게 해야 하는가. 원인이 매우 복잡하고 어려워 보이지만 그 본질은 의외로 단순합니다. 존재의 실상 즉 진실을 제대로 보지 못하고 알지 못하고 진실의 길을 제대로 가지 않기 때문입니다. 내가 어떻게 이루어진 존재인지, 내 내면의 소리가 무엇을 원하고 있는지, 나에게 어떤 문제들이 있는지를 알지 못합니다.

문제를 풀어내기 위해서는 가장 먼저 자기 성찰을 통해 문제의 원인을 잘 파악해야 합니다. 지금 여기 나는 끊임없이 자연, 사회, 사건, 사람, 시간, 공간, 내면, 외면, 정신, 물질 등을 상대로 보고 듣고 냄새 맡고 맛보고 느끼고 생각하며 살고 있습니다. 상호관계를 떠나서는 나의 삶이 어떤 형태로도 존재할 수 없습니다. 겹겹으로 무궁무진하게 맺어진 총체적 관계를 떠나서 정신적이든 육체적이든 나 홀로의 존재는 어디에도 있지 않습니다.

실상을 알고 보면 나는 항상 대상에 의지해서 존재합니다. 그대 없는 나는 존재하지 않습니다. 나는 언제나 그대와 함께 서로 의지하고 도우며 존재합니다. 본래부터 불일불이의 공동 운명체입니다. 대부분의 우리들은 이 엄연한 사실과 진실에 대해 간과하거나 무지합니다. 그로 인하여 자기중심의 이기적 사고를 당연한 것으로 여기게 됩니다.

모든 문제의 원인이 여기에서 시작되고 있습니다. 이성적으로는 그렇지 않다고 하지만 실제는 끊임없이 자기중심의 이기심으로 살고 있습니다. 이기심으로 문제를 다루면 본인의 의도와는 다르게 나의 이익이 너의 손해로, 나의 기쁨이 너의 슬픔으로, 나의 행복이 너의 불행으로 나타납니다. 그렇게 되면 결국 부끄럽고 괴롭고 불행합니다. 내 마음의 바람과 이루어진 내 삶이 일치하지 않습니다. 이것이 아닌데, 이러면 안 되는데 하며 양심적으로 회의하고 갈등하게 됩니다. 대부분의 사람들이 그렇게 살고 있기 때문에 대다수가 행복하지 않습니다.

스스로 잘한다고 했는데 나쁘게 되는 이유가 무엇인가? 본인이 했으면 편안하고 행복해야 할 텐데 양심적인 회의와 갈등으로 고통스러운 이유는 무엇인가? 두 가지 모두가 보편적 진리 즉 진실에 입각하지 않았기 때문입니다. 양심의 소리, 내면의 소리는 존재의 실상 즉 진리에 의하여 작동합니다. 진리의 자리, 양심의 자리에는 자기중심의 이기성이 존재하지 않습니다.

모든 사악함의 근본 원인이 되는 자기중심의 이기성은 본래부터 있는 것이 아닙니다. 보편적 진리에 대한 무지와 착각으로 인하여 조작된 것입니다. 진리에 근거하지 않고 내면의 소리에 충실하지 않는 무지와 이기심으로 문제를 다루면 천지개벽을 하는 기적을 이루어도 끝없이 모순과 혼란이 반복 확대됩니다. 회의와 갈등으로 인한 불행이 계속됩니다.

진리에 어긋나는 자기중심, 이기심의 길은 고통과 불행의 길입니다. 오직 더불어 함께하는 진리의 길, 동체대비의 길만이 참 삶의 길이요, 희망의 길입니다. 길은 오로지 이 한 길뿐입니다. 존재의 실상을 제대로 알고 그 안에 있는 진리의 길을 주체적으로 실천하는 한 길이 있을 따름입니다.

다음은 주의 깊은 관찰을 통해 모순과 혼란으로 얼룩진 사회 현실의 원인을 찾아야 합니다. 객관적 대상인 상대·사건·사회·자연은 어떤 존재인지, 어떤 문제들이 있는지, 사회적 바람은 무엇인지 파악하는 것이 중요합니다. 앞에서 정리한 삶의 주체인 자기 실상의 내용을 그대로 상대·사건·사회·자연과의 관계에 적용하면 됩니다. 그 실상을 관찰해 보면, 이 세상 그 어떤 것도 나와 관계없는 것은 있지 않습니다. 좋은 일이든 궂은일이든 인위적이든 자연적이든 직접적이든 간접적이든 겹겹으로 무궁무진하게 관계 맺어져 있습니다. 이렇게 따져보나 저렇게 따져보나 세상은 불일불이의 공동 운명체입니다.

많은 사람들이 이 엄연한 사실과 진실에 대해 무관심하고 무지합니다. 자연스럽게 상대의 아픔과 사회 문제들을 자기와는 관계없는 남의 일, 나와는 상관없이 멀리 떨어져 있는 별개의 일로 여깁니다. 이웃과 사회의 문제를 외면해선 안 되는 자기 아픔, 자기 문제로 인식하지 못합니다. 그로 인하여 인간적 관심, 사회적 관심이 작동하지 않습니다. 항상 자기중심의 이기심에 사로잡혀 자기 문제, 자기 이익에만 골몰하는 어리석음에 빠져 지내게 됩니다. 상대·사건·사회·자연의 문제들이 진리에 근거해서 다루어지고 있는지의 여부에 대해 살피지 않습니다. 양심적 진실, 객관적 사실에 근거하고 있는지에 대해 제대로 알지 못합니다. 상대의 마음과 상대의 입장을 알려고 하지 않습니다. 따라서 상대·사건·사회·자연의 문제가 갖는 진정한 가치와 의미와 내용에 대해서도 무지할 수밖에 없습니다. 내가 무지와 무관심으로 나 몰라라 하는 동안 어느새 상대의 고통과 슬픔은 더 커지고 사회적 모순과 혼란은 더 악화됩니다. 세상이 한시도 마음 놓을 수 없을 만큼 험악해집니다. 결국 상대의 고통과 슬픔, 사회의 모순과 혼란이 부메랑이 되어 나의 고통과 슬픔, 나의 모순과 혼란으로 돌아와 나를 불행하게 만듭니다.

"자기를 알고 상대를 알아서 싸우면 백 번 싸워 백 번 패배하지 않는다."는 말처럼 세상에는 진리가 있습니다. 무심히 내던진 작은 불씨가 초가삼간을 다 태우듯이 진리에 어긋나는 자기중심의 이기심에 빠진 나의 무지와 무관심이 사회의 모순과 혼란을 더 확대시킵니다. 그 결과 너와 나, 우리 모두를 모순과 혼란에 빠지게 합니다. 그렇게 되는 이유는 직면한 존재의 실상은 따로이면서 함께이고 함께이면서 따로인데, 그 실상에 무지하여 실상에 어긋나게 따로인 자기 이익에만 골몰하고 함께해야 할 것을 함께하지 않기 때문입니다. 그러므로 지금 여기에서 자신·상대·사건·사회의 구체적 사실과 진실을 제대로 알기 위해서 자기를 성찰하고 현실을 제대로 인식하는 것이 문제를 해결하는 처음이자 과정이며 끝임을 깊이 새겨야 합니다.

절 명상 3

일상적인 삶의 혼란과 부작용이 문제를 실사구시적으로 다루지 않았기 때문임을 돌이켜보며 절을 올립니다.

왜 문제를 실사구시적으로 다루어야 하는가? 삶의 혼란과 부작용을 바람직하게 해결하고자 함입니다. 먼저 실사구시라는 개념부터 정리해 보면, 실사구시란 "사물·사실에 직면해서 진리 또는 옳음을 찾는다."는 뜻입니다. 지금 여기라는 현장성, 구체적 사실성, 분명한 정확성, 적절한 균형성의 의미를 담고 있는 말이 실사구시입니다. 관념적, 추상적으로 하지 말고 구체적, 사실적으로 해야 한다는 것입니다.

돌이켜 살펴보면, 우리들 대부분의 사고와 삶의 방식은 사실적이지 않고 관념적입니다. 구체적이지 않고 추상적입니다. 우리들의 삶은 기존의 지식과 신념, 언어와 논리에 의해 다루어집니다. 그 지식과 신념, 언어와 논리를 구체적, 사실적으로 다루지 않고 관념적, 추상적으로 다루고 있습니다.

예를 들어, 우리 사회에 "반미는 자주적이다.", "친미는 종속적이다."라는 지식과 믿음이 있습니다. 과연 그러한지 그 말을 구체적 사실과 진실에 직결시켜 보면 친미도 반미도 자주적이지 않습니다. 한쪽은 "미국이 아니면 안 된다.", 다른 쪽은 "미국 때문에 안 된다."라는 지식과 믿음과 태도 어디에도 주인인 자신의 책임과 역할이 없습니다. 아무리 따져보아도 자주적이라고 할 수 없습니다.

"우리는 자본주의 사회에 살고 있어. 그러므로 돈이 최고야." 하는 믿음과 논리가 판치고 있습니다. 돈 앞에 양심도 개성도 신의도 자존심도 품위도 모두 무너지고 있습니다. 자신도 모르는 사이에 돈의 노예가 되어 살고 있습니다. 돈이 인생의 목적처럼 되어가고 있는데 정말 그러한가. 앞에서처럼 그 지식과 믿음을 구체적 사실과 진실에 직결시켜 봅시다. 돈이 최고라는 말을 실사구시적으로 짚어보면 그야말로 헛소리입니다. 사회를 살아가는 데 적절한 돈이 필요합니다. 그렇다고 해서 돈이 최고이거나 인생의 목적일 수는 없습니다. 그런데도 돈의 노예가 되고 있습니다. 왜냐하면 기존의 나의 지식과 신념, 언어와 논리들을 구체적 사실과 진실에 직결시켜 다루지 않고 관념적, 추상적으로 다루기 때문입니다. 삶의 문제를 실사구시적으로 다루지 않기 때문에 나의 지식과 신념, 나의 언어와 논리들이 오히려 삶을 더 왜곡시키고 혼란에 빠지게 하는 것입니다. 관념화된 지식과 신념, 언어와 논리에 속거나 구속되어 실체도 없는 환상에 현혹됨으로써 삶의 무게가 천근만근이 되는 것입니다.

절명상 4

생명 위기, 평화 위기의 원인이 내 생명의 정체성에 대한 무지 때문임을 돌아보며 절을 올립니다.

왜 생명 위기를 초래하게 되었는가? 반생명적으로 살기 때문입니다. 왜 반생명적으로 살게 되었는가? 내 생명의 정체성 즉 내 생명이 어떻게 이루어진 존재인지, 내 생명의 가치가 무엇인지를 모르거나 잘못 알고 있기 때문에 반생명적인 사고와 삶의 방식으로 살게 됩니다.

실제 상황을 생각해 보겠습니다. 우리들은 내 생명의 어머니 품인 자연 생태의 존재 의미와 가치에 대해 무지한 채 살아왔습니다. 인간들만의 뜻에 따라 함부로 한 결과 자연 재앙이 일어나고 그로 인하여 인류 문명이 위협당하게 되었습니다. 뼈아픈 반성이 절실한 상황입니다.

왜 평화 위기를 초래했는가? 비인간적으로 살기 때문입니다. 왜 비인간적으로 살게 되었는가? 내 생명의 정체성 즉 내 생명의 모체인 상대의 존재 의미를 모르거나 잘못 알고 있기 때문에 비인간적인 사고와 삶의 방식으로 살게 됩니다. 자기도 모르는 사이에 끝없이 끓어오르는 이기적 욕망, 감각적 욕망을 쫓아 달리게 됩니다.

좀 더 구체적으로 살펴보겠습니다. 너나없이 우리들은 내 삶의 의지처인 사회적 동업자, 인생의 동반자인 이웃과 상대의 존재 의미와 가치에 대해 무지했습니다. 내 집과 자기중심의 이기적 관점에서 무례하게 살아온 결과 사회적으로는 양극화, 개인적으로는 첨예한 갈등과 대립의 일상화로 가고 있습니다. 실로 두려운 현실입니다. 큰 용단을 내려야 할 때가 아닌가 합니다.

변화하고 발전할수록 생명은 병들고 삶은 고통스럽게 됩니다. 맹목적인 이기적 욕망, 감각적 욕망을 탐닉함으로 인하여 내 생명이 살고 싶은 평화의 삶과는 갈수록 거리가 멀어집니다. 갈등과 대립, 경쟁과 투쟁의 삶이 확대 재생산될 뿐입니다. 반생명 비인간적인 문명사의 근저에는 존재의 실상을 왜곡시키는 실체론적인 세계관과 이분법적인 사고방식이 자리 잡고 있습니다. 실체론과 이분법의 사고방식이 끝없는 갈등과 대립을 낳게 하고 있는 것입니다.

또 하나는 삶을 구체적이고 사실적으로 다루지 않기 때문입니다. 그물의 그물코처럼 이루어져 있는 존재의 실상인 자기 정체성에 대해 사실적으로 알지 못합니다. 그 진리를 따라 주체적으로 살지 않습니다. 동전의 양면처럼 불일불이의 공동 운명체임을 사실대로 알고 보면 진리에 어긋나는 극단적이고 맹목적인 생존경쟁과 약육강식의 사고를 가질 수가 없습니다.

보편적 진리에 어긋나는 잘못된 방향과 길을 달리면 달릴수록 우리의 바람과는 더 멀어져갈 뿐입니다. 첫 단추를 잘못 꿴 상태에서 다음 단추를 계속 꿰면 꿸수록 문제가 더 복잡해지고 어려워지는 것이 세상 이치임을 잊어서는 안 됩니다.

절명상 5

반생명 비인간화의 모순이 존재의 진리에 어긋나는 실체론적 세계관 때문임을 돌아보며 절을 올립니다.

실체론의 세계관이 왜 문제가 되는가? 세계관은 우리가 의지하고 나아가야 할 삶의 방향을 제시하는 기본 관점입니다. 어떤 세계관을 갖느냐에 따라 우리 삶의 방향과 내용이 좌우되므로 매우 중요합니다. 그동안 관념론·유물론·유신론·무신론·일원론·이원론·일신론·범신론·성선설·성악설 등 실체론의 세계관이 우리 문명사를 지배해 왔습니다.

실체론은 소유의 사고, 이분법적이고 대립적인 사고의 원인으로 작용합니다. 보편적 진리에 어긋나는 분리된 사고에서 비롯된 자기중심의 이기심이 작용하면서 생존경쟁과 약육강식이라는 극단적인 사고를 진리로 여기게 했습니다. 생명·자유·평화·국가·종교·이념의 이름으로 편을 나누어 상대의 생명을 죽이고 평화를 파괴하는 반생명 비인간화의 문명사로 나타났습니다.

실체론이 문제가 되는 것은 첫째가 생명의 실상에 근거한 보편적 진리에 어긋나는 견해이기 때문이며, 둘째가 삶을 왜곡시키고 혼란에 빠뜨리기 때문이며, 셋째가 삶을 고통과 불행, 세상을 갈등과 대립의 늪으로 인도하기 때문입니다. 문제의 본질을 정확하게 짚어야 합니다.

절 명상 6

국가·민족·종교·이념 등 그 무엇보다도 우선하는 가치가 생명평화임을 확신하며 절을 올립니다.

어째서 생명평화가 최고의 가치인가? 기존의 지식과 신념, 경험과 방식에 구애받지 않고 구체적 사실과 진실인 지금 여기 내 생명의 관점에서 문제를 다루어 봅시다. 지금 여기 내 생명이 살아 있지 않는 한 국가·종교·정치·경제·사회·문화·교육 등 그 어떤 것도 나에게 아무런 의미가 없습니다. 지금 여기 내 생명이 살아 있어야만 자유·정의·평화·꿈·사랑도 논할 수가 있습니다. 내 생명이 살아 있지 않는 한 그 무엇도 의미가 없으며 그 무엇도 할 수가 없습니다. 사실상 국가·종교·정치·경제가 존재하는 이유도, 자유·정의·평화를 논하는 까닭도 내 생명이 평화롭고 행복하게 살고자 하는 것일 뿐 그 무엇도 아닙니다. 누구나 할 것 없이 목숨 걸고 지키고자 하는 절대적 가치가 바로 지금 여기 내 생명입니다.

지금 여기 내 생명이 평화롭게 살 수 없다면 국가·종교·정치가 있어야 할 이유가 없고, 자유·정의·평화도 논할 필요가 없게 됩니다. 이만 불 아니라 십만 불, 백 평이 아니라 천 평 아파트가 주어진다 한들 지금 여기 내 생명의 삶이 고통스럽고 불행하다면 아무 소용이 없습니다. 사실을 확인하면 확인할수록 생명평화의 가치는 그 무엇보다도 현실적이고 구체적이고 우선적이고 절실하고 중요한 것임이 틀림없습니다. 기존의 모든 벽을 넘어 함께 가꾸어 가야 할 최우선 가치가 생명평화임을 새겨야 할 일입니다.

절명상 7

존재의 실상을 달관할 때 비로소 생명평화의 길이 열리게 됨을 생각하며 절을 올립니다.

왜 달관이 필요한가? 삶의 문제를 풀어내고 삶의 바람을 실현하기 위해서입니다. 모든 갈등과 대립, 모순과 혼란의 원인이 되고 있는 생존과 자족을 넘어선 이기적 욕망, 감각적 욕망을 극복하는 길이 달관에서 시작됩니다. 보편적 진리에 어긋나는 이기적 욕망, 감각적 욕망을 넘어서서 존재 가치에 눈뜨고 그 가치를 가꿀 때 우리의 염원인 생명평화의 삶이 이루어집니다.

달관이라는 말은 생명의 실상, 존재의 실상을 있는 사실대로 꿰뚫어 보고 그것을 인정하고 받아들임을 뜻합니다. 달리 말하면 누구에게나 보편적으로 공평무사하게 적용되는 보편적 진리를 진리로 알고 받아들이고 삶을 살아간다는 말입니다. 그 진리는 생명의 그물 즉 관계론적 세계관입니다.

존재의 실상인 관계론적 세계관을 제대로 이해하고 터득하면 당연히 자기중심의 이기심을 버리고 더불어 살아가려고 하는 노력을 하지 않을 수 없습니다. 이렇게 살아도 함께, 저렇게 살아도 함께, 봄이면 따뜻함과 함께, 겨울이면 추위와 함께, 죽음과도 함께, 삶과도 함께 해야 합니다. 왜냐하면 세계의 실상이 그물의 그물코처럼 되어 있기 때문입니다. 이 사실은 그 누구도 부정할 수 없으며 그 누구도 예외일 수 없습니다. 따라서 우리가 갈 길은 함께 사는 길 하나뿐임을 인정하지 않을 수 없습니다.

우리가 함께 살기 위해서는 서로 의지하고 도우며 나누어야 합니다. 그렇게 하면 고민하지 않아도 생명평화의 삶이 저절로 이루어집니다. 함께 살려면 자기 정체성에 충실해야 합니다. 정체성에 충실하려면 자기 존재의 실상에 맞게 조건 없이 자기를 낮추고 비우고 나누고 상대를 존중하고 배려하고 감사하는 삶을 살아야 합니다. 우리가 목숨 걸고 가야 할 길이 있다면 바로 이 길 하나뿐임을 확신하는 것이 달관입니다. 존재의 실상에 대한 달관이 생명평화 길의 시작임을 항상 기억해야 합니다. 달관의 삶을 살기 위해 자신의 전 존재를 바쳐야 합니다.

절명상 8

삶의 기본인 내 생명의 정체성을 과학적으로 파악할 때 비로소 생명평화의 삶이 움트게 됨을 생각하며 절을 올립니다.

왜 내 생명의 정체성을 알아야 하는가? 내가 살고 싶은 생명평화의 삶을 살기 위해서입니다. 내 삶의 주체는 자기 자신입니다. 나에게 어떤 것보다도 우선하는 가치는 내 생명입니다. 내 생명의 모습을 생명평화 로고로 형상화했습니다. 그 내용은 모든 존재들이 그물의 그물코처럼 서로 의지해서 존재합니다. 서로 의지하고 돕고 나누며 살게 되어 있는 것이 생명의 진리입니다. 내 생명이 살고 싶은 삶은 평화로운 삶입니다. 평화로운 삶은 생명의 진리인 낮춤·비움·나눔·존중·배려·감사의 삶을 통해 이루어집니다. 내 생명의 바람인 생명평화의 삶을 위해 생명의 진리를 실천하는 데 전력투구해야 합니다.

불행하게도 지금 우리들은 너무나 당연한 상식을 잃어버렸습니다. 오히려 몰상식해져 가고 있습니다. 자신의 존재 가치, 생명의 가치는 안중에도 없고 오로지 이기적 욕망, 감각적 욕망만 쫓아가고 있습니다. 그 길로 가는 한 우주를 마음대로 할 수 있다 해도 내 생명의 바람인 평화의 삶은 이루어질 수 없습니다. 자기 정체성에 충실한 삶을 통해서만 우리의 바람인 생명평화의 삶이 실현될 수 있다는 사실을 잊어서는 안 됩니다.

절명상 9

일상적으로 전 존재를 바쳐 살아가야 할 진리의 길이 인드라망 세계관임을 마음에 새기며 절을 올립니다.

존재의 실상에 근거한 진리의 세계관을 비유로 표현한 것이 인드라망 세계관입니다. 전 존재를 바쳐 실천해야 할 인드라망 세계관에 근거한 삶의 길이 바로 낮춤·비움·나눔·존중·배려·감사하는 삶입니다.

절명상 10

소유는 또 다른 소유를 낳을 뿐 문제 해결의 길이 될 수 없는 세상 이치를 생각하며 절을 올립니다.

이기적 소유가 왜 문제가 되는가? 진리에 어긋나고 삶을 왜곡시키기 때문입니다. 소유욕은 또 다른 소유욕을 낳습니다. 조건 따라 생성 변화하는 세상 이치 즉 인과의 진리가 그렇게 되어 있기 때문입니다. 진리에 어긋나는 이기적 욕망, 감각적 욕망은 눈덩이가 구를수록 더 커지는 것처럼 확대 재생산됩니다.

　　　　세계는, 진리는 누구의 것도 아닙니다. 굳이 주인이 있어야 한다면 세계 자체 또는 우리 모두가 주인입니다. 이기적 소유욕은 존재의 실상에 대한 무지와 착각으로 이루어진 것입니다. 이기적 소유의 논리로 문제를 다루는 한 끊임없이 삶이 왜곡되고 혼란스럽게 됩니다. 어떤 해답도 나올 수 없습니다. 필요한 만큼 충족되면 "그만 됐어." 하고 만족하게 되는 생존 욕구와, 소유할수록 더 소유하고 싶어지는 이기적 소유 욕구는 분리시켜서 다루어야 합니다.

생존에 필요한 기본 조건을 갖추는 것은 이기심이 아닙니다. 이기심이란 기본적인 생존 조건을 넘어 많은 것을 더 소유하고 누리려는 것을 뜻합니다. 생존 욕구는 끝이 있습니다. 예를 들어, 배가 고플 때 밥을 필요한 만큼 먹으면 "이제 됐어." 하고 수저를 놓게 됩니다. 이에 반해 이기적 소유욕, 감각적 욕망들은 끝이 없습니다. 불씨와 같아서 탈 수 있는 조건이 있으면 끝없이 타오르게 됩니다. 경제 욕구, 속도 욕구, 편리 욕구 등을 보면 알 수 있습니다.

고속도로가 처음 생겨서 시속 백 킬로미터를 달린다고 했을 때 사람들이 깜짝 놀랐습니다. 지금은 어떻습니까. 고속도로에서 백 킬로미터로 달리면 기어간다고 합니다. 육체노동이 필요 없을 정도로 기계화, 자동화되었는데도 더 편리해져야지 불편해서 못 살겠다고 투덜투덜합니다. 속도와 편리를 위한 기술 발달보다도 인간의 이기적 감각적 욕구가 훨씬 빨리 상승하고 있기 때문에 만족이 있을 수 없습니다.

경제 욕구도 마찬가지입니다. 오십 년 전만 해도 1인당 국민소득이 근근이 백 불 정도였는데, 지금은 이만 불 시대가 되었습니다. 부자가 된 만큼 만족도가 높아졌는가 하면, 전혀 그렇지 않습니다. 오히려 정반대로 나타나고 있습니다. 대부분의 사람들이 불편해서 못 살겠다, 더 편리해져야 한다, 느려서 불편하다, 더 빨라져야 한다, 부족해서 큰일 났다, 더 부자가 되어야 한다 하고 불만이 폭발할 지경입니다. 경제 성장과 기술 발달보다 속도, 편리, 경제 욕구가 더 빨리 성장하기 때문에 불만족이 더 높아지는 것입니다.

    백 배 더 빨라지고 편리해지고 부자가 되었는데도 해결은커녕 불만족이 더 증폭되고 있다면 그 원인이 무엇인가를 찾아서 새로운 대책을 세우는 것이 당연합니다. 따라서 이기적 소유의 논리를 넘어 존재 가치의 논리로 가야 합니다. 하루빨리 구태를 벗어나야 합니다. 인드라망 세계관과 가치 의식을 갖고 살아야 합니다.

절명상 11

싸움은 또 다른 싸움을 부를 뿐 문제 해결의 길이 될 수 없다는 역사의 소리를 경청하며 절을 올립니다.

왜 싸우게 되는가? 왜 전쟁을 하는가? 보편적인 진리의 정신에 무지하여 삶을 공평무사하게 다루지 않기 때문입니다. 즉 자기중심적이고 이기적으로 삶을 바라보고 다루기 때문입니다. 특히 문명사적인 경험을 토대로 분명하게 정리해야 할 것이 있습니다. 반생명 비인간적인 야만의 행위가 전쟁입니다. 어떤 명분으로도 전쟁은 정당화될 수 없습니다. 이 점을 깊이 인식해야만 우리가 만들어 가야 할 오늘과 미래에 비로소 평화의 길이 열리게 됨을 명심해야 합니다.

　　싸움이 왜 문제가 되는가? 싸움은 또 다른 싸움을 부르기 때문입니다. 세상 이치가 그렇게 되어 있습니다. 사랑은 사랑을 낳고, 미움은 미움을 낳게 되어 있는 것이 세상 이치입니다. 욕설이 가면 욕설이 돌아오고, 주먹이 가면 주먹이 돌아오는 법입니다. 한 걸음 더 나아가 미움과 폭력은 일차적으로 자신의 삶을 피폐하게 하고 동시에 상대를 고통스럽게 합니다. 미움과 싸움의 방식으로는 문제가 풀리기는커녕 상처를 더 키우고 삶을 더 거칠게 할 뿐입니다.

　　우리 문명사를 돌아보면, 삶을 비극으로 몰아넣는 싸움의 문제를 줄이고 해결하는 자질과 방법을 전혀 발전시키지 못했습니다. 싸우는 방법, 도구, 기술만 고도화시켰습니다. 주먹으로 싸우다가, 칼로 싸우다가, 총으로 싸우다가, 핵으로 싸웁니다. 그러나 싸움의 문제를 줄이고 해결하는 역량과 방법과 기술은 구태의연합니다. 그렇게 되는 이유는 존재의 실상에 근거한 세상 이치에 대해 무지하고 그 길을 주체적으로 가지 않기 때문입니다.

절명상 12

부자와 일등이 행복하다고 하는 것은 실현될 수 없는 관념의 환상임을 확신하며 절을 올립니다.

"부자와 일등이 행복하다."고 하는 말이 왜 허구인가? 그 실상을 확인해 보면 부자와 일등이란 말만 있을 뿐 실제의 삶으로는 존재하지 않습니다. 구체적으로 짚어보면 부자와 일등이 행복한 것도 아니고 좋은 것도 아닙니다. 내용적으로 보면 반생명 비인간적입니다. 전체적으로는 인류 문명의 재앙을 부르게 되어 있습니다.

인간의 소유 욕구는 끊임없이 자라나기 때문에 끝이 없습니다. 동시에 사회구조도 더 소유하지 않으면 안 되는 구조로 가게 됩니다. 악순환이 확대 재생산되는 것입니다. 모든 것들이 상대적입니다. 아래로 보면 내가 일등이고 부자입니다. 위로 바라보면 내가 열등하고 가난한 자입니다. 상대적이기 때문에 위로 바라보면 열등감, 박탈감에 빠지고, 아래로 바라보면 자기도 모르는 사이에 자만과 방종으로 흐르게 됩니다. 결과적으로 너와 나의 삶을 황폐하게 만들 뿐입니다. 영원히 만족할 수 없음으로 행복하지도 않습니다. 정신을 차려야 합니다.

부자와 일등이 좋고 행복하다고 하는 신념이 관념적 허구임을 깨달아야 합니다. 부자와 일등이 실재할 수도 없고 행복한 것도 아님을 확신한다면 부자와 일등이라는 귀신에 현혹될 이유가 없습니다.

간디가 말했습니다. "현재의 지구로도 우리 모두가 함께 누리는 데는 부족함이 없지만, 한 인간의 소유욕을 충족시키는 데는 턱없이 부족하다."고. 부자와 일등이 행복하다고 하는 것은 맹목적인 소유욕에 의해 만들어진 허구의 논리일 뿐입니다. 실상에 근거하지 아니한 관념적 환상을 타파하지 않는 한 그 어떤 해결책도 나올 수 없습니다.

부자는 경제 성장의 논리이고, 일등은 경쟁력의 논리입니다. 한국 사회를 지배하고 있는 부자와 일등 타령이 우리 사회를 우습게 만들어 가고 있습니다. 과연 경쟁력과 경제 성장이 해답이 되겠는가. 이미 해답이 될 수 없다는 결론이 났습니다. 부자와 일등은 존재하지도 않고 행복하지도 않습니다. 관념적 환상에 휩쓸리지 말고 하루빨리 부자와 일등의 귀신으로부터 벗어나야 합니다.

절 명상 13

사회 문제의 책임이 양심의 소리를 따르지 않는 자신, 종교인, 지식인에게 있음을 직시하며 절을 올립니다.

왜 양심의 소리를 따라야 하는가? 조작되지 않은, 거짓 없는 진리의 소리, 신의 소리가 내면의 소리, 양심의 소리로 나타나기 때문입니다. 내면의 소리를 따를 때 떳떳하고 행복해지기 때문입니다.

양심의 소리로 작동하는 진리에 근거해야만 문제가 풀리고 바람이 실현될 수 있기 때문입니다.

우리들은 거의 습관적으로 남의 이야기를 합니다. 대통령이 잘못한다, 국회의원·도지사들이 나쁘다, 하고 모여 앉기만 하면 늘 누군가를 술안주로 삼곤 합니다. 자신과 종교인과 지식인에 대한 성찰과 비판을 진지하게 하지 않습니다. 왜 자신, 종교인, 지식인들이 문제인가? 그들이 문제인 것은 본인의 참된 삶은 없고 헛된 생각과 지식과 말만 풍성하기 때문입니다.

우리는 거의 습관적으로 지식을 탐구할 뿐 참된 진리, 참된 가치를 추구하지 않습니다. 박학다식을 두려워할 뿐 참된 진리, 참된 가치를 중요하게 생각하지 않습니다. 실제 참된 삶이 없는 헛된 지식과 말은 오히려 삶을 왜곡시키므로 아무런 쓸모가 없습니다. 행동으로 나타나지 않는 헛된 생각과 지식과 말은 거짓이므로 모두 극복해야 합니다.

그중에 특히 중요한 종교 문제를 생각해 봅시다. 종교 본연의 역할을 보면, 예수는 본래 스스로 존재하는 아버지하느님의 길을, 부처는 본래 스스로 존재하는 진리法의 길을, 중국 사상에선 본래 스스로 존재하는 무위자연의 길을 가르쳤습니다. 동서고금을 통해 인류의 스승으로 존경받는 분들의 가르침은 대동소이합니다. 일반적 언어로 표현하면 본래 스스로 존재하는 우주 자연의 법칙, 자연의 질서, 자연의 조건이라고 할 수 있습니다.

이 세상 그 어떤 것도 본래 스스로 존재하는 자연의 법칙, 질서, 조건의 토대와 관계를 떠나서는 그 무엇도 이루어질 수 없습니다. 자연의 법칙, 질서, 조건은 이 세상 모든 것의 근본입니다. 천하의 근본을 일러 천하대도라고 했습니다. 종교가 해야 할 본연의 역할은 바로 천하의 근본을 바로 세우는 일입니다. 진리의 길, 하느님의 길, 무위자연의 길에 일치하는 삶의 모범을 보이고 사람들에게 그 길을 갈 수 있도록 가르치고 안내하는 일입니다. 전통적으로는 진속眞俗의 불일불이, 유위무위의 불일불이의 길이 그 길이라고 해왔습니다. "나는 다만 길을 가르칠 뿐이다."라고 한 붓다의 말씀처럼 모범적으로 길 가는 자, 길을 가르치는 자의 역할이 종교 본연의 역할인 것입니다.

나 자신과 종교인과 지식인이 양심을 갖고 주체적으로 제 역할을 한다면 건강한 사회 공론이 만들어지고, 정치인들도 그 공론에 따라 정치를 하게 됩니다. 자신과 종교인과 지식인의 무대는 바로 가정·학교·직장·절·성당·교당·교회·신문사·방송국 이런 곳들입니다. 그들이 주체적으로 양심과 신념을 갖고 제 역할을 하면 우리 사회의 많은 부분이 달라질 것이 불 보듯 합니다.

사실 정치인들에게는 힘이 없습니다. 국민의 여론에 따라가는 사람들이 정치인입니다. 여론을 누가 만들고 주도합니까. 당연히 자신, 종교인, 지식인 들이지요. 권력을 누가 만들어 줍니까. 바로 우리들이 권력을 만들어 주고 있습니다. 우리가 싸워야 할 일차적 대상은 정치인이 아닙니다. 첫 번째는 자기 자신이고, 두 번째는 종교인과 지식인입니다.

　자기 자신이 달라지고 종교인과 지식인이 달라져야 합니다. 본연의 제 역할을 다해야 합니다. 그러면 자연스럽게 건전한 사회여론이 형성될 것입니다. 정치인들은 당연히 여론에 따라 정치를 할 것입니다. 우리는 해야 할 작업을 제대로 하지 않으면서 매일 동네북처럼 정치인 또는 남을 탓하고만 있습니다. 그런 점에서 좀 더 양심적으로 정직하고 성실하게 문제를 짚어갈 필요가 있습니다.

절명상 14

상대의 아픔을 자기 아픔으로 인식할 때 비로소 생명평화의 길이 시작됨을 믿으며 절을 올립니다.

왜 상대의 아픔을 자기 아픔으로 인식해야 하는가? 진리에 일치하는 일이기 때문입니다. 진리에 근거할 때 내 생명이 살고 싶은 평화의 삶이 이루어집니다.

　인위적으로 만들어 낸 국가·종교·이념·선악·시비·이해득실 너머에서 울려오는 내면의 소리를 따라가 봅시다. 누군가가 억울하게 고통을 당할 때 저절로 내 마음이 아픕니다. 상대의 아픔이 내 아픔으로 와 닿는 까닭은 너와 내가 분리된 남남이 아니기 때문입니다. 너에 의지해서 내가 존재하고 있기 때문에 네가 아프면 나도 아픔을 느끼게 되는 것입니다. 조건 없이 작용하는 순수한 연민심이 바로 국가·민족·종교·이념·이해득실 따위의 인위적 질서에 오염되기 이전의 본래 내 생명의 참 모습입니다. 목숨 걸고 회복해야 할 내 생명의 진면목입니다.

생명의 진리로 보면 너를 사랑함을 통해서만 나를 사랑하는 길이 열립니다. 너를 사랑하지 않고 나를 사랑하는 길은 있지 않습니다. 농부가 배고프지 않으려면 어떻게 해야 합니까. 벼라는 상대를 지극히 사랑해야 합니다. 벼라는 너를 사랑하지 않고는 농부의 배가 부를 수 없습니다. 농부가 벼를 사랑하지 않고도 배고픔을 면할 길은 어디에도 있지 않습니다. 자신을 배고프게 하는 것은 자신을 사랑하는 것이 아닙니다. 농부가 자신을 배고프지 않게 하려면 지극 정성을 다해 벼라는 이웃을 사랑해야 합니다. 아무리 살펴보고 따져봐도 그렇습니다. 세상 이치가 그렇게 되어 있습니다. 그 이치가 연기법입니다. 너를 사랑하지 않고도 나를 사랑하는 길은 절대 있을 수 없습니다. 이 소식을 불교에선 동체대비라고 합니다. 예수님이 "이웃을 내 몸과 같이 사랑하라."고 한 것은 단순한 사회적 윤리 의식에 의한 것이 아닙니다. 진리를 꿰뚫어 보고 체험해 보니 그렇더라는 것입니다. 우주의 법칙, 자연의 법칙을 단순화시켜서 현실적으로 누구나 실천할 수 있도록 제시한 것이 "이웃을 내 몸과 같이 사랑하라.", "중생 생각하기를 외아들 사랑하듯이 하라."인 것입니다. 농부와 벼의 관계에서 보았듯이 너와 나의 관계도 그렇습니다.

절명상 15

이웃을 내 몸처럼 사랑할 때 진정으로 자신을 사랑하게 되는 진리를 생각하며 절을 올립니다.

왜 이웃을 내 몸처럼 사랑해야 하는가? 진리의 길인 이웃을 사랑하는 일이 바로 자기를 사랑하는 일입니다. 스스로 아름답고 평화롭고 행복할 수 있는 길이 그 길밖에 없기 때문입니다.

절명상 16

생명의 진리는 현실적으로 누구나 이해하고 실현하고 증명할 수 있도록 해야 한다는 말씀을 생각하며 절을 올립니다.

왜 누구나 이해하고 실현할 수 있게 해야 하는가? 진리가 그러하기 때문이며 그래야 삶에 도움이 되기 때문입니다. 경전에 "눈 있는 사람은 와서 보라. 누구나 이해할 수 있다. 실현할 수 있다. 증명할 수 있다."라는 내용이 있습니다. 진리는 그렇게 다루어야 합니다. 사람들이 지금 여기에서 진리를 이해할 수 없고, 실현할 수 없고, 증명할 수 없는 이유는 진리를 잘못 알고 잘못 다루기 때문

입니다. 이해할 수 없고, 실현할 수 없고, 증명할 수 없는 진리라면 아무리 심오하고 신비한 것이라 하더라도 우리에게는 필요 없는 것입니다.

진리란 지금 여기를 떠나 있는 것도, 특별한 사람에게만 가능한 것도 아닙니다. 진실이 그런데도 사람들은 아무리 노력을 해도 잘 안 되는 것이 진리라고 여깁니다. 그렇게 생각하고 믿기 때문에 진리는 어려운 것이라며 아예 멀리하거나 별로 필요치 않은 것으로 취급해 버립니다. 나아가 아무리 노력해도 진리를 실현하는 것은 불가능한 것이라며 실망하고 좌절하게 됩니다.

반면 진리가 틀림없이 지금 직면하고 있는 자신 또는 사실에서 찾을 수 있는 것이고 자기가 노력한 만큼 반드시 이루어지는 것이라고 생각해 봅시다. 사람들은 절대로 이곳저곳을 기웃거리지 않을 것이며 나아가 실망하거나 좌절하지도 않을 것입니다. 우리가 여기저기 헤매고 좌절하는 것은 진리가 특별한 곳에 존재하고 노력한 만큼 잘 안 된다고 믿기 때문입니다. 실상은 우리들의 관념과는 달리 우리가 알고 알지 못하고에 관계없이 진리는 언제나 직면한 사실에 존재하며, 좋은 쪽이든 나쁜 쪽이든 내가 노력한 만큼 즉시즉시 이루어지고 있습니다. 그것은 세상 이치가 그렇게 되어 있기 때문입니다. 다만 이 사실을 보지 못하고 알지 못하고 인식하지 못할 따름입니다. 실망하고 절망하게 되는 이유가 여기에 있습니다.

예를 들어, 꽃을 누가 피웠습니까. 실상대로 보면 누구도 아닙니다. 세상 이치에 따라 이루어진 조건에 의하여 꽃 스스로 피어난 것입니다. 꽃을 피게 하는 그 누구도 따로 존재하지 않습니다. 꽃이 어느 날 갑자기 피어나는 것이 아닙니다. 꽃이 피어나는 전 과정에서 자기가 노력한 만큼 그때그때 바로바로 그 결과가 이루어진 것입니다. 싹이 튼 것도, 싹이 자란 것도, 꽃이 핀 것도 그때그때의 성과입니다. 우리 삶도 똑같습니다. 지금 내 나이 예순입니다. 어느 날 갑자기 예순이 된 것이 아닙니다. 내가 살아온 세월만큼 그때그때 나이가 쌓여서 예순이 된 것입니다. 어떤 내용도 내가 노력한 만큼 현실적으로 이루어지지 않는 것은 없습니다. 우리가 보지 못하고 알지 못하고 인식하지 못할 뿐입니다. 좋은 쪽도, 나쁜 쪽도 마찬가지입니다.

불교의 사고방식으로 보면 두 가지입니다. 하나는 이 세상 혹은 내 삶은 온통 관계로 이루어져 있습니다. 또 다른 하나는 내 삶은 내가 행하는 대로 이루어집니다. 불행한 삶도, 행복한 삶도 자신의 노력으로 만들어 낸 것입니다. 그 누구에 의해 또는 저절로 만들어지는 것이 아닙니다. 본인이 알든 알지 못하든 관계없이 스스로 만든 것이 현재 자신의 삶입니다.

당연히 하나의 물음이 떠오를 것입니다. 너나없이 행복해지려고 노력하는데 왜 행복해지지 않는 것일까? 그 원인을 찾아보면 진리에 어긋나는 이기적 소유욕으로 노력하기 때문입니다. 정신적이든 물질적이든 개인적이든 집단적이든 이기적 소유욕을 쫓는 한, 아무리 노력을 하고 천하를 마음대로 한다 해도 내 바람과 실제 삶의 내용이 일치하지 않습니다. 갈등과 불행의 조건인 헛된 소유욕만 확대 재생산될 뿐입니다. 스스로 만족하는 행복한 삶은 영원히 꿈으로만 남아 있게 됩니다. 물론 객관적 상황 때문에 내 의지와 노력으로 안 되는 경우도 있습니다. 하지만 진실을 알고 보면 삶을 왜곡시키는 사회구조들도 결국 보편적 진리에 무지한 인간 스스로 만든 것이지 특별한 누구에 의해 만들어진 것이 아닙니다. 누에고치가 실을 뽑아 자기를 가두듯이 왜곡된 사회구조도 우리들이 만든 것입니다.

개인의 문제와 사회의 문제를 불교에서는 별업과 공업으로 설명을 합니다. 별업은 개인의 의지와 행위에 의해, 공업은 함께하는 구성원들의 행위에 의해 이루어지는 것입니다. 우리 모두는 남북분단의 현실 속에서 살고 있습니다. 그것은 공업의 결과입니다. 분단은 공통의 불행이지만 그 안에서도 개개인들은 나름대로 의미 있는 삶을 삽니다. 그것은 별업의 결과입니다. 개개인으로는 행복하더라도 분단 현실 때문에 겪어야 하는 어려움이 있습니다. 분단 상황이지만 개인적으로 행복한 경우도 있습니다. 개개인의 의지와 행위에 의해 본인의 삶이 만들어지고, 사회 구성원들의 의지와 노력에 의해 그 사회가 만들어집니다. 별업과 공업이 서로 맞물려 돌아가고 있습니다. 별업인지 공업인지 구분하기가 쉽지 않습니다.

매우 혼란스러운 모습입니다.

그러므로 상황과 사람에 따라 두 가지 오류에 빠질 위험이 생깁니다. 하나는 개인으로는 어찌할 수 없다는 생각입니다. 이웃, 사회에 대한 관심을 접어 버립니다. 다른 하나는 상대, 사회를 바꾸는 데에만 골몰합니다. 주체인 자신을 망각해 버립니다. 모두 위험하므로 잘 살펴야 합니다. 개인이 책임져야 할 점도 있고 함께 해야 할 점도 있음을 놓쳐서는 안 됩니다.

그러니 실상을 정확히 보아야 합니다. 우리는 세상 이치에 대한 이해가 부족합니다. 실제 나는 착한 사람으로 살려고 했는데 현실적으로는 나의 의지와 관계없이 도둑이 되었다, 행복하게 살기 위해 노력했는데 현실은 내 의지와 관계없이 불행해졌다고 생각합니다. 그러나 실제로는 그렇지 않습니다. 내 의지의 노력과 관계없이 불행하게 되는 것은 진리에 따라 삶을 다루지 않았기 때문입니다. 행복해질 수 있는 길을 제대로 가지 않은 것입니다.

정말 행복하게 살려면 행복의 조건을 만들어야 합니다. 그 행복의 첫 번째 조건이 주체적으로 진리에 따라 삶을 다루어가는 것입니다. 그런데 우리는 그렇게 하지 않습니다. 행복하게 살아야겠다는 욕심만 있을 뿐이지 행복의 조건인 진리에 근거하여 삶을 가꾸는 쪽으로 가지 않습니다. 행복의 조건에 대한 잘못된 이해와 인식을 갖고 있는 것입니다. 실제는 이것이 행복의 조건인데 본인은 저것이 행복의 조건이라며 착각하고 지냅니다.

참으로 행복해지려면 자기 존재의 실상에 대해 눈을 떠야 합니다. 자기 정체성을 제대로 알아야 합니다. 자기 존재의 정체성을 확인해 보면 행복의 조건은 스스로 끊임없이 낮춤·비움·나눔, 상대의 존재 가치에 대한 존중·배려·감사하는 삶을 사는 것입니다. 이러한 힘과 능력의 조건들을 내 삶으로 가꾸어 낼 때 저절로 행복해집니다. 실상이 그런데도 우리는 전혀 그렇게 생각하지 않습니다. 재산을 모으고, 권력을 거머쥐고, 사람들 위에 군림하고, 더 좋은 자동차를 타고, 일등 하고, 싸워서 이기는 것 들이 행복의 조건이라고 믿으며 살고 있습니다. 물론 얼어 죽지 않고 굶어 죽지 않을 수 있는 최소한의 기본적인 삶의 조건이 필요합니다. 그 정도면 충분합니다.

불행하게도 우리는 생존 욕구를 훨씬 넘어 이기적 욕망을 충족해야 한다고 믿습니다. 이기적이고 감각적인 욕망을 충족하는 것이 행복의 길이라고 여깁니다. 그 길을 향해 전력질주하고 있습니다. 무지와 착각에 빠진 것입니다. 우리의 이기적 욕망은 불씨와 같습니다. 불씨는 태울 수 있는 조건이 있으면 끝까지 태웁니다. 이만큼 태우고 나면 "그만 됐어." 하지 않습니다. 지구가 백 개 있어도 부족합니다. 경전에서는 중생들이 사는 세상을 "삼계화택三界火宅" 즉 온 세상이 욕망의 불이 타오르는 집과 같다고 했습니다. 욕망이라는 것은 절대 채울 수 없습니다. 소유한 만큼 더 허기를 느끼게 되는 것이 욕망입니다. 욕망은 채워도 채워도 허기를 느끼게 되어 있습니다. 채울 수 있는 것처럼 생각하는 것은 욕망의 실상에 대한 무지와 착각일 뿐입니다.

　어떤 상황에서도 자기를 비우고 낮추고 나누는 문제의식과 태도로 삶의 문제를 다루어 보십시오. 상대를 존중하고 배려하고 감사하는 문제의식과 태도로 살아보십시오. 그리고 살펴보십시오. 소유하고 쌓아 모으지 않아도 삶이 저절로 편안하고 따뜻하고 여유롭게 됩니다. 스스로 만족하고 행복해집니다. 이것을 소위 '자족'이라고 합니다.

　소유욕이 충족됨으로써 느끼는 기쁨은 매우 감각적이고 순간적입니다. 그 순간을 지나면 또 다른 무엇을 찾아 갈망하게 됩니다. 또 다른 고통과 절망의 원인으로 작동합니다. 지금은 소유해서 기분이 좋아졌지만 바로 뒤를 이어서 더 소유하고 싶어집니다. 더 소유하고 싶은데 뜻대로 안 되면 실망하고 좌절하게 됩니다. 행복의 길이라는 믿음으로 땀 흘려 쌓아 모은 것들이 오히려 고통과 불행의 원인으로 작용합니다.

　소유를 통해 얻는 기쁨과 비움·나눔·낮춤·존중·배려·감사를 통해 얻는 기쁨은 질적으로 다름을 알아야 합니다. 생명의 진리에 따라 행복의 조건을 가꾸면 가꾼 만큼 내 삶이 만족하게 됩니다. 보는 눈과 인식 능력이 없어서 잘 모를 뿐입니다. 실상은 열 개를 가꾸면 열 개만큼 바로 이루어집니다. 내 눈으로 직접 보고 인식하지 못한다 하더라도 세상의 이치를 잘 이해하면 확신을 가질 수 있습니다. 노력한 만큼 반드시 이루어지는 진리를 잘 알면 좌절하거나 상처받지 않게 됩니다. 생명의 진리에 대한 인식만 확실하면 활동하는 과정에서 지치고 피폐해지지 않을 수 있는 힘이 나옵니다.

절명상 17

양심의 소리, 생명의 소리를 잘 들을 때 비로소 생명평화의 길이 열리게 됨을 믿으며 절을 올립니다.

양심의 소리, 생명의 소리란 무엇인가? 진리의 소리, 신의 소리를 주체화시킨 것입니다. 왜 양심의 소리, 생명의 소리를 들어야 하는가? 이 길을 통해서만 문제가 해결되고 바람이 실현되기 때문입니다.

사람이란 보고 듣는 대로 사고하고 판단하고 행동합니다. 우리가 내면의 소리, 생명의 소리를 자주 듣고 많이 들으면 자연스럽게 그 소리에 따라 살게 됩니다. 내면의 소리, 생명의 소리는 어떤 것을 희망하고 있는가? 존재 이유를 알고 싶다, 양심적으로 떳떳하고 싶다, 함께 자유롭고 평화롭고 행복하고 싶다 등 내면에서 울려오는 참된 소리들은 항상 한결같습니다. 행복의 조건인 내면의 소리, 생명의 소리에 따라 양심적으로 부끄럽지 않고 떳떳하게 하십시오. 진리의 소리, 신의 소리에 따라 함께 아파하고 함께 기뻐하는 삶을 살아보십시오. 더 소유하고 더 쌓아 모으지 않더라도 행위 하는 그 자체로 편안합니다. 기쁩니다. 만족합니다. 바로 행복의 조건을 제대로 가꾸었기 때문입니다.

세상 이치로 보면 이 세상에 존재하는 모든 것은 조건에 의해 만들어집니다. 평화로워지고 싶으면 평화의 조건을, 행복해지고 싶으면 행복의 조건을 만들어 가야 합니다. 세상 이치에 비해 우리가 만들어 온 현실적 삶의 실상은 어떠한가. 왜곡된 평화의 조건, 행복의 조건에 골몰하고 있습니다. 맹목적일 정도로 더 많이 갖고 더 편리하고 경쟁과 싸움에서 이기는 것이 평화와 행복의 길이라고 착각하고 있습니다. 진리에 대한 무지와 착각의 신념으로 펼쳐지고 있는 것이 우리들의 삶이고 현대 문명입니다. 끝없는 갈등과 대립, 싸움과 전쟁판입니다. 크게 봐도, 작게 봐도, 세계적으로도, 국지적으로도 그렇습니다. 종교 전쟁도 잘못된 신념으로 빚어진 것들입니다. 문제를 제대로 보는 소수의 사람들이 그것이 아니다, 그 길로 가서는 안 된다고 하지만 빈 메아리가 되어 흩어지고 맙니다.

요즘 와서 "그거 아니야." 하고 사회적 흐름이 되어 나타나고 있습니다. 사회적으로 대중들이 이거 아니잖아, 하고 생각하는 것은 드문 현상입니다. 그렇게 된 이유는 여러 가지 있습니다. 하나는 적으로 규정한 상대를 제거하면 될 줄 알았는데 결과는 그렇지 않았습니다. 산업 사회, 정보화 사회로 가면 될 줄 알았는데 그것도 아니었습니다. 농촌을 넘어 도시로 가면 될 줄 알았는데 역시 마찬가지였습니다. 더 풍요로워지고 편리해지면 될 줄 알았는데 해답이 되지 않았습니다. 기대와는 달리 문제들이 더 복잡해지고 어려워지고 위험해졌습니다. 부작용과 위험이 극한 상황으로 가고 있다고 많은 사람들이 우려하고 있습니다. 다양한 연구 조사를 통해 확인된 위험한 정보들이 많이 흘러나오고 있습니다. 여러 가지 상황들이 복합적으로 작용을 해서 하나의 경향으로 나타나고 있습니다. 매우 당혹스러운 상황입니다. 그야말로 현실은 우왕좌왕입니다.

길을 잃고 헤매는 이유가 무엇일까. 결국 내면의 소리를 듣지 않기 때문입니다. 진리에 의해 작동하는 양심의 소리, 내면의 소리를 따르지 않고 열심히 쌓아 모아온 지식과 정보만 쫓아다니고 있습니다. 내 삶을 주체적으로 살지 못하는 것입니다. 막연하게 내 노력으로 벌어먹으면 그것이 주체적이고 자립적이라고 여길 뿐, 자기 존재 가치를 제대로 찾아내고 가꾸는 것을 소홀히 하고 있습니다. 지금 우리에게 필요한 것은 좀 더 근원적인 내면의 소리, 생명의 소리를 잘 듣는 것입니다.

일찍이 근원적인 문제의식과 태도로 살아간 사람들이 있습니다. 조직화된 사회에 체계적으로 적용시킨 대표적인 사례가 간디의 〈진리 실험 운동〉입니다. 간디의 글을 읽어보면 내면의 소리라는 표현이 많이 나옵니다. 어떤 어려움에 부딪힐 때마다 내면의 소리를 듣기 위해 단식을 합니다. 단식은 자기 성찰의 시간이며 자기 정화의 시간입니다. 상대를 공격하기 위해 하는 것이 아닙니다. 상대도 성찰의 시간을 갖기를 희망합니다.

길을 잘못 갔을 때는 참회를 위해 단식을 했습니다. 길을 잃었을 때에는 길을 찾기 위해 단식을 했습니다. 약속을 지키지 못했을 때엔 약속을 지키기 위해 단식을 했습니다. 때에 따라서는 자신과 함께했던 친구들에게 또는 인도 국민들에게 제안하고 요구했습니다. 영국을 때려잡자가 아니고 인도인들의 각성과 변화를 통해 영국인들의 변화와 각성을 이끌어 내려고 했습니다. 참된 독립, 희망의 독립은 이 길을 통해서만 가능하다는 입장이었습니다.

깊은 성찰을 통해 자기 안에서 울려오는 소리를 듣노라면 아! 이것이야, 하고 눈이 뜨입니다. 신의 소리, 진리의 소리, 내면의 소리는 이렇게 울려옵니다.

앞에서 우리는 보고 듣는 대로 생각하고 말하고 살아간다고 했습니다. 양심의 소리를 많이 들으면 양심의 소리를 따라가게 됩니다. 양심의 소리에 충실하면 그 삶이 참됩니다. 어떤 상황에서도 떳떳합니다. 당연히 편안하고 자유롭습니다. 그래서 양심의 소리를 듣는 시간을 많이 가져야 하며, 양심의 소리를 듣기 위해 노력해야 합니다.

양심의 소리를 들으려면 다른 길이 없습니다. 성찰의 삶을 살아야 하고 성찰의 문화를 가꾸어야 합니다. 그러므로 평소 활동하면서 하루에 한 번이라도 성찰의 시간을 가져야 합니다. 백대서원 절 명상을 하는 것도 좋은 방법이라 하겠습니다. 자기 존재 가치를 가꾸기 위해 하루 한 시간 투자하는 것에 인색하지 말아야 합니다. 일이 많고 바쁘다는 핑계로 시간을 할애하지 못한다면 스스로 가치 있는 삶을 포기하는 것과 같습니다. 자기 존재 가치에 눈 뜨고 그 가치를 가꾸기 위해 시간을 내는 자기 투자가 필요합니다. 존재 가치를 가꾼 만큼 삶이 덜 지치고 덜 피폐해집니다.

일을 하다 보면 일의 양도 문제이지만 사람 관계가 훨씬 힘들 때가 많습니다. 사람 관계에서 소통과 협력이 원활하게 되면 일이 더 복잡하고 힘들 이유가 없습니다. 회의를 자주 하는 이유는 서로에 대한 혹은 일에 대한 이해와 소통이 잘 안 되기 때문입니다. 당연히 진이 빠지고 힘이 들게 됩니다. 만약에 자기 성찰을 통해 존재 가치를 잘 가꾸어 간다면 세 번 회의할 것을 한 번만 해도 충분합니다. 시간적으로도 손해나는 일이 아니며, 훨씬 더 여유롭고 유연하게 할 수 있습니다. 자기 성찰과 존재 가치를 가꾸는 전통들을 잘 만들어 갔으면 합니다.

순례에 참여한 사람들이 가장 감동을 받는 경우가 절 명상입니다. 처음에는 감당하지 못할 정도로 좋아합니다. 신이 나서 열심히 합니다. 얼마쯤 지나면 서서히 심드렁해집니다. 자기도 모르게 저절로 의무적으로 또는 의례적으로 하게 됩니다. 별로 재미가 없습니다. 뭔가 더 짜릿하고 신선한 것이 없을까 하고 두리번두리번합니다. 더 좋은 것이 없을까 하고 새로운 것을 찾아 이곳저곳을 기웃기웃하게 됩니다. 대부분의 사람들이 거치는 과정입니다. 그 과정을 오래 겪는 사람이 있고 짧게 겪는 사람이 있지만 반드시 극복해야 할 과정입니다. 이때가 중요합니다. 어떻게 하느냐에 따라 진취냐 정체냐 퇴보냐가 좌우됩니다. 해답은 명백합니다. 마음에 드느냐 안 드느냐, 또는 효과가 어떠냐가 아니고, 진리에 근거하고 경우에 맞느냐가 판단의 척도입니다. 내용이 진리에 맞고 경우에 맞으면 새로운 것을 다시 찾을 것이 아니라 지금까지 해온 것을 더 열심히 지속해 가야 합니다.

정성을 모아 꾸준하게 해가면 백대서원이 자기 소리가 되어 울려옵니다. 흔들림 없이 자기 소리로 울려올 때까지 끈기 있게 해야 합니다. 우리들 대부분이 그 과정을 극복하지 못하고 다시 또 다른 것을 찾아 나서게 됩니다. 어떤 것도 처음 시작할 때에는 언제나 신선한 듯하고 잘되는 듯하지만 실제는 한계를 넘어서지 못하고 또다시 비슷한 수준에서 맴돌게 됩니다. 사람이 똑같은 그 사람인데 옷을 바꾸어 입는다고 해서 내용이 금방 달라지지 않는 것과 같습니다. 잘 살펴서 극복하고 넘어가야 합니다.

절 명상 18

스스로 자기 삶을 혁명하는 것이 생명평화 세상을 만드는 확실한 길임을 믿으며 절을 올립니다.

왜 자기 삶을 혁명해야 하는가? 스스로의 참 삶을 위해서입니다. 본인의 생명이 희망하는, 자유롭고 평화로운 삶을 살고자 하는 것입니다. 생명평화의 삶, 생명평화의 세상을 실현하는 길이 자기 혁명에서 시작되기 때문입니다.

"지금 여기 '나'라는 범부를 혁신해서 자기완성자인 '성인'을 이룬다."라는 말이 있습니다. 내 삶의 주체는 나 자신입니다. 나와 관계된 것은 그 어떤 것도 나로부터 시작해야 합니다. 자기 혁명이 별것이겠습니까. 그릇된 소견머리와 버르장머리를 고치는 것입니다. 자기 내면의 소리를 듣지 않고 살아왔으나 지금부터 내면의 소리를 따라 살면 그것이 자기 혁명입니다. 주체적이고 자립적이지 않았는데 주체적이고 자립적으로 바꾸면 그것이 자기 혁명입니다. 이기적으로 살아온 습관을 버리고 더불어 함께하는 삶을 위해 성의를 다하면 그것이 자기 혁명입니다. 국가·사회·대중·시대의 흐름을 맹목적으로 추종하는 삶에서 벗어나 주체적으로 개성 있는 삶을 모색하는 것이 자기 혁명입니다.

자기 혁명을 위해서는 항상 주체적으로 내면의 소리에 충실하고 개성 있는 삶을 가꾸어야 합니다. 어떤 지식과 신념도 반드시 구체적 사실과 진실에 직결시켜 합당할 때에만 받아들여야 합니다. 스스로 행동하고 생활하는 만큼 사실적으로 말해야 합니다. 자기 혁명이 문제를 풀어내는 큰 걸음이자 바람을 실현하는 확실한 길입니다.

절명상 19

주체적으로 개성 있는 삶을 가꾸어 갈 때 비로소 생명평화의 길이 열리게 됨을 믿으며 절을 올립니다.

주체적으로 살려면 어떻게 해야 하는가? 기존의 지식과 정보를 쫓아다니지 말고 진리에 의해 작용하는 양심의 소리, 영혼의 소리에 따라 삶을 가꾸어야 합니다. 자신의 내면 깊숙한 곳에서 울려오는 소리에 충실하게 살면 저절로 주체적인 삶이 이루어집니다.

왜 주체적으로 개성 있는 삶을 살아야 하는가? 임제 선사의 말씀처럼 "주체적으로 살면 언제나 삶이 참되기" 때문입니다. 반생명 비인간적인 경쟁 논리를 벗어나 내가 살고 싶은 자유롭고 멋진 삶을 살 수 있기 때문입니다. 상대적인 열등의식, 피해의식, 패배감, 박탈감 따위로부터 벗어나는 길이 그 길이기 때문입니다. 어떤 상황, 어떤 대상과의 관계에서도 당당할 수 있는 길이 그 길이기 때문입니다.

어느 지역사회를 가 봐도 그 지역만이 가지고 있는 향기나 색깔이나 내용이 없습니다. 남원을 가 봐도 대도시 어디에 있는 한 모퉁이와 같습니다. 청주를 가 봐도 서울에 있는 여느 지역과 비슷합니다. 전국이 대부분 그렇습니다. 지역의 개성이 없는 것입니다. 우리 개개인들도 마찬가지입니다.

요즘 사람들은 굉장히 자기 개성이 강하다고 생각하지만, 그렇지 않습니다. 다만, 개인주의나 이기주의를 주체성 또는 개성으로 혼동하고 있을 뿐입니다. 주체성이나 개성이 개인주의, 이기주의와 비슷해 보이지만 실상은 전혀 다릅니다. 현대 사회를 다양성의 사회라고 하지만, 내용으로 보면 다양성이 살아 숨 쉴 수가 없습니다. 머리 스타일, 옷 색깔, 집의 모양들은 다양하고 개성 있어 보입니다. 그러나 현상과는 달리 내용을 보면 이기적 욕망, 감각적 욕망이라는 하나의 가치만 있습니다. 그 외의 가치는 거의 찾아볼 수가 없습니다. 겉으로 드러나는 모습이 형형색색 천차만별이라 하더라도 실제 한국 사회를 지배하는 가치는 돈과 일등으로 획일화되어 있습니다. 그 외의 어떤 가치도 발붙일 수가 없습니다. 개인의 이기적 소유 욕구를 추구하고 일등에 골몰하는 한 가지 삶으로 획일화되어 있는 것이 현대인의 모습입니다. 그 어디에도 개성 있는 삶이, 다양한 가치가 보이지 않습니다.

조금의 차이는 있지만 자본주의와 싸운다는 지식인들도 이기적 소유욕, 감각적 욕망을 쫓는 삶에서 자유롭지 못합니다. 국가주의, 민족주의, 종교주의, 자본주의, 사회주의, 일등주의, 부자주의 그 어디에도 이기적 소유욕의 삶이 있을 뿐 생명의 진리에 근거한 주체적이고 개성 있는 삶이 없습니다. 기존의 구태를 벗어나야 합니다. 내면의 소리, 생명의 소리에 귀 기울여야 합니다.

주체적이고 개성 있는 삶은 내면의 소리, 생명의 소리에 따라 살 때 비로소 이루어집니다. 국가, 민족, 종교, 이념, 자본주의, 사회주의, 부자, 일등의 관념에 구애받지 말아야 합니다. 내 양심이 살고 싶은 삶, 양심적으로 떳떳한 삶, 이웃과 상대에게 도움이 되고 잘 어울리는 삶, 뭇 생명들에게 미안하고 부끄럽지 않은 삶을 살아야 합니다. 진정 '나' 다운 삶을 모색하지 않고는 개인적으로도 사회적으로도 희망을 만들어 낼 수 없다는 사실을 분명하게 알아야 합니다.

절명상 20

그릇된 소견머리와 버르장머리를 고칠 때 비로소 문제 해결의 길이 열리게 됨을 믿으며 절을 올립니다.

소견머리는 세계관, 버르장머리는 삶의 방식과 태도와 습관의 문제입니다. 왜 그릇된 소견머리와 버르장머리를 고쳐야 하는가? 한마디로 생명의 진리에 어긋나는 무지와 착각, 탐욕과 집착에 빠져 살고 있는 자기를 혁명하자는 것입니다. 문제를 푸는 길도 바람을 실현하는 길도 거기에서 시작되고 끝나기 때문입니다.

구체적으로 버려야 할 소견머리와 버르장머리가 어떤 것인가? 존재의 실상에 무지하고 어긋나는 일원론, 이원론, 관념론, 유물론 등 실체론의 소견입니다. 무지로 인해 이루어진 생존욕을 넘어선 자기중심, 이기심의 버릇을 버리고 극복해야 합니다. 실제적으로 가꾸어야 할 소견머리와 버르장머리는 어떤 것인가? 존재의 실상에 근거하고 일치하는 중도의 길인 인드라망 세계관을 가꾸어야 합니다. 진리의 세계관에 맞게 더불어 함께함, 서로 도움, 골고루 나눔의 사고와 행동의 버릇을 가꾸어야 합니다.

존재의 실상에 대한 무지로 인하여 생존욕을 넘어 이기적으로 사고하고 말하고 행동하는 버릇이 만들어졌습니다. 욕심내는 것도, 미워하는 것도, 화내는 것도 그 근저에 실체가 없는 자아 중심의 이기적 사고의 버릇에서 비롯되고 있습니다. 기존의 소견과 버릇을 버려야 합니다. 너는 소유욕의 가치를 중심에 두지만, 나는 존재 가치를 중심에 두어야 합니다. 너는 미워하고 화내지만, 나는 미워하거나 화내지 않고 문제를 다루어야 합니다. 너는 음모적으로 하지만, 나는 투명하게 해야 합니다. 너는 상업적으로 하지만, 나는 주고받는 관계로 해야 합니다. 너는 자신만 사는 길을 가지만, 나는 함께 사는 길을 가야 하는 것입니다.

절명상 21

내면의 소리에 따라 정직, 성실하게 살아갈 때 비로소 생명평화의 길이 열리게 됨을 믿으며 절을 올립니다.

왜 내면의 소리에 따라 정직, 성실하게 살아야 하는가? 주체적으로 참된 삶을 살기 위함입니다. 양심적으로 떳떳하게 살고 싶은 것입니다. 내면의 소리, 양심의 소리에 충실할 때 그 삶이 떳떳합니다. 양심적으로 떳떳할 때 그 삶이 자유롭고 평화롭고 행복합니다. 전쟁이 없어도 양심적으로 떳떳하지 못하면 삶이 편안하지 않습니다. 배가 부르고 등이 따듯해도 양심적으로 부끄러우면 삶이 괴롭습니다.

스스로 정직하게 물어봅시다. 본인의 양심으로는 하고 싶은데 미국이, 한국이, 종교가, 이념이, 사회주의가, 자본주의가 못하게 하는가? 물론 그런 부분이 없지 않지만 사실은 그렇지 않은 경우가 대부분입니다. 얼어 죽고 굶어 죽어야 하는 극한적인 상황만 아니라면 양심적으로 떳떳하게 할 수 있습니다.

자신, 상대, 이웃에게 미안하거나 부끄럽지 않아야 삶이 편안하고 홀가분합니다. 양심의 소리를 외면하는 것이 마치 상대 또는 무엇 때문인 것처럼 생각하고 말하는 것은 스스로 정직, 성실하지 못하고 용기가 없는 것입니다. 자기 소리를 잘 들어보면 스스로 알 수 있습니다.

양심의 소리도 정밀하게 살펴보면 두 가지입니다. 하나는 인위적으로 길들여진 양심이고, 다른 하나는 원초적인 양심입니다. 부시는 성서에 손을 얹어 맹세하고 전쟁을 한다고 합니다. 양심적인 정의의 신념으로 전쟁을 하는 것입니다. 부시의 양심적 신념은 제도화된, 기독교의 사고에 길들여진 왜곡된 양심입니다. 인류의 정의와 평화를 위해서라는 명분으로 포장하고 있습니다. 진정한 원초적 양심의 소리가 아니며, 인위적으로 길들여진 양심의 소리입니다.

간디는 양심의 소리를 듣기 위해 깊이 기도하고 성찰했다고 합니다. 영국을 상대로 인도의 이익을 위한 길을 찾으려고 하지 않았습니다. 간디는 진리의 소리, 원초적 내면의 소리를 따라 길을 찾으려고 했습니다. 진정한 양심의 소리에는 국익 따위를 추구하거나 인위적으로 만들어진 거짓된 명분이 있을 수 없습니다. 진정한 원초적 양심의 소리는 인위적으로 조작된 모든 거짓 명분과 벽을 넘어섭니다. 그 어디에도 구속되지 않습니다.

우리들 대부분은 인위적으로 길들여진 왜곡된 양심의 소리에 속는 경우들이 허다합니다. 사회적으로 어느 정도 위치에 서 있는 분들도 그럴 수 있습니다. 진보든 보수든 인위적으로 만들어진 양심의 소리에 놀아나는 경우들이 비일비재합니다. 옛 스승들이 "자기 자신에게 속지 말라." 또는 "자기 자신을 속이지 말라."라고 말씀한 까닭이 어디에 있는지 곰곰 새겨볼 일입니다.

절 명상 22

일상 속에서 언어를 실사구시적으로 다루어갈 때 비로소 생명평화의 길이 열리게 됨을 생각하며 절을 올립니다.

지식과 언어를 실사구시적으로 다룬다는 것은 어떤 것인가? 말과 내용, 말과 행동, 말과 사실이 일치하도록 함을 뜻합니다. 왜 지식과 언어를 중도, 실사구시적으로 다루어야 하는가? 그래야만 문제가 바람직하게 다루어지고 해결되기 때문입니다.

　　어떤 언어도 구체적 사실과 진실에 직결시켜 따져봐야 합니다. 부처님 말씀이든, 예수님 말씀이든, 어떤 책의 내용이든 구체적 현실로 가져와서 사실과 진실에 직결시켜 검토해야 합니다. 그랬을 때 그 언어가 구체적 실상에 근거한 정직한 언어인지, 이치에 맞고 현실성 있는 언어인지, 구체적 실상을 다르게 표현한 언어인지, 구체적 사실이나 진실에 근거하지 아니한 왜곡되고 허황된 언어인지, 확인할 수 있습니다.

　　내가 사용하는 지식도 마찬가지입니다. 현실의 내 삶이 되지 않는 나의 지식과 언어는 버려야 할 쓸모없는 물건입니다. 내 삶의 행동이 되지 않는 나의 지식과 언어는 거짓이요 가짜이므로 붙잡고 살면 독이 됩니다. 내 삶의 내용과 일치시키지 않는 지식과 언어는 오히려 문제를 왜곡시키고 혼란스럽게 합니다. 내가 자비를 말하려면 그 자비라는 말이 구체적으로 내 삶의 내용에 근거해야 합니다. 스스로 자비롭지 않은데 자비를 이야기하는 것은 중도적인 언어가 아닙니다. 자비롭게 살 의지도 없고 노력도 하지 아니하면서 자비를 말하면 그것은 거짓입니다. 구체적 사실과 진실에 근거하여 스스로 수긍이 되고 함께하는 사람들도 수긍이 되는 것이 언어를 실사구시적으로 다루는 것입니다. 그렇게 해야만 언어가 진실을 전달하고 문제를 풀어내는 역할을 하게 되고 평화를 실현하게 됩니다. 언어를 제대로 다루는 것을 실사구시 또는 중도적

으로 다룬다고 합니다.

절명상 23

일상적으로 언어에 속거나 구속되지 않을 때 비로소 생명평화의 길이 열리게 됨을 생각하며 절을 올립니다.

언어에 속는 것이란 예를 들어, 부자와 일등은 좋은 거야, 행복한 거야 하고 아무 의심 없이 말만 믿고 따르는 것입니다. 대부분의 사람들이 그 말에 속고 있기 때문에 온 사회가 그쪽 방향으로 질주하고 있습니다. 우리 삶을 병들게 하고 피폐하게 하고 있습니다.

언어에 구속되는 것이란 양심적으로 분명 진실은 이것인데 상황적으로는 국가, 종교, 이념, 집단, 가족, 이익 때문에 저것이라고 말하는 것입니다. 진실을 말하지 못하고 침묵하는 것은 용기 없음이며, 거짓을 말하는 것은 기만입니다. 언어에 구속되어서 비겁함과 거짓으로 흘러온 결과가 생명 위기, 평화 위기입니다. 언어를 실사구시적으로 다루지 않기 때문에 나타난 현상입니다.

우리 사회를 휩쓸고 있는 부자와 일등 논리가 "근거 없는 새빨간 거짓말이야." 하고 국민들이 그 진실을 사실대로 인식한다면 아마도 삶의 태도가 근본적으로 달라질 것입니다. 대중들이 국가, 종교, 이념, 집단, 가족, 이익이라는 말에 구속되지 않고 양심적으로 정직하게 진실을 말한다면 우리 사회는 매우 희망적일 것입니다.

자신, 언론인, 교육자, 종교인, 지식인 들이 언어에 구속되지 않고 양심적으로 정직하게 진실을 말하고, 언어에 속지 않고 실상을 정확하게 다룬다면 개인도 사회도 참되고 아름다워질 것입니다. 그렇게 하지 못하는 데에는 구조적인 문제도 있지만 본인들의 무책임과 불성실함, 무지와 용기 없음이 더 큰 문제입니다. 본인은 물론이고 지식인 특히 언론, 교육, 종교를 책임지고 있는 사람들이 용기 있게 자기 양심과 신념을 가지고 제 역할을 해내는 것이 필요합니다.

절명상 24

삶의 진실을 사실대로 보고 본 대로 말할 때 비로소 생명평화의 길이 열리게 됨을 생각하며 절을 올립니다.

왜 삶의 진실을 사실대로 보고 본 대로 말해야 하는가? 그래야만 우리의 바람대로 문제도 해결되고 생명평화의 삶도 이루어질 수 있기 때문입니다. 진리는 진실하고 공평무사합니다. 진실하고 공평무사한 것이 진리입니다. 국가, 종교, 이념, 진보, 보수, 이익 따위를 넘어서는 진실은 진리 하나뿐이라고 해도 틀리지 않습니다.

진실은 무엇인가? 지금 여기 직면한 삶의 실상, 생명의 실상입니다. 실상은 어떤가? 예를 들어, 일반적인 사고와는 달리 사람들이 하는 일 중에 제일 중요한 일이 농사짓는 일입니다. 삶의 절대적 조건인 먹거리를 생산해 내는 가장 중요한 일입니다. 대통령도, 국회의원도, 연예인도, 시인도, 학자도, 예수도, 부처도, 이 세상의 그 누구도 먹지 않고 가능한 삶이란 있지 않습니다. 정치, 종교, 경제, 학문, 부자, 일등, 자유, 정의, 평화, 사랑, 행복 그 어떤 것도 기본적으로 먹어야 가능합니다.

전통적으로 "농자천하지대본農者天下之大本"이라고 하는 까닭이 여기에 있습니다. 천하의 근본, 세상의 근본, 삶의 근본 가치가 농사입니다. 분명한 진실을 사실대로 말하고 살아야 합니다. 무엇보다도 중요한 것이 농사임을 사실대로 말하는 정직하고 성실함이 필요합니다. 있는 것을 있다, 없는 것을 없다고 말하는 것 즉 언어를 중도, 실사구시적으로 다루는 것입니다. 안타깝게도 우리들은 분명히 있는 진실을 여러 가지 상황 때문에 얼버무리고 지나갑니다.

탁발 순례 때 학교에서 학생들을 대상으로 강의하는 경우가 종종 있었습니다. 학생들에게 훌륭한 사람이 되고 싶냐, 하고 물으면 그렇다고 합니다. 어떻게 하면 훌륭한 사람이 될 수 있을까, 하면 대답을 잘 못 합니다. 그때 본인이 훌륭한 일을 하면 훌륭한 사람이 된다고 설명을 합니다. 눈을 반짝이며 아이들이 고개를 끄덕끄덕합니다. 그런 다음 어떤 일이 훌륭한 일일까, 하고 물으면 의사요, 판사요, 하며 와자지껄합니다. 훌륭한 일도 여러 가지가 있는데 그중에서도 하지 않으면 절대 안 되는 제일 중요한 일이 있다, 그것은 곧 생명을 살리는 일이다, 하고 말하면 역시 고개를 끄덕끄덕합니다. 생명을 살리는 일도 여러 가지인데 정말 하지 않으면 안 되는 제일 중요한 일이 있다, 그것은 바로 우리 생명의 절대적 조건을 만들어 내는 농사를 짓는 일이다, 하고 결론을 내립니다. 그리고 생명의 절대 조건을 책임지는 일이 농사이므로 농사짓는 일이 가장 중요하고 훌륭한 일이다, 참으로 똑똑하고 잘난 사람은 훌륭한 농부가 되어야 한다, 라고 말합니다. 구체적 사실에 근거한 것이므로 조금도 틀리지 않습니다. 사실을 사실대로, 진실을 진실대로 이야기한 것일 뿐 조금의 왜곡도 과장도 없습니다.

우리 현실을 정직하게 들여다봅시다. 신문방송에서, 교육 현장에서, 종교기관에서, 온갖 삶의 현장에서 사실을, 진실을 제대로 말할 수가 있는가. 전혀 그렇지 못합니다. 우리들이 사용하는 언어가 대부분 거짓에 오염되었습니다. 언어가 오염된 것은 삶이 참되지 않기 때문입니다. 삶이 왜 참되지 않은가. 언어를 중도, 실사구시적으로 다루지 않기 때문입니다. 언어와 삶의 내용이 일치하지 않습니다. 진실이 삶으로 가꾸어지고 있지 않습니다. 그 결과가 반생명, 비인간화, 생명 위기, 평화 위기의 상황으로 나타나고 있습니다.

옛 스승들은 말했습니다. "노력한 만큼 이루어지는 길이 있고, 노력해도 이루어질 수 없는 길이 있다. 이루어지는 길은 진리의 길이고, 이루어질 수 없는 길은 명예와 이익의 길이다."라고. 우리가 생각하는 것처럼 그 어디에도 쉬운 길은 없습니다. 쉬운 길이 있다고 믿는 것은 그 자체가 전도몽상 즉 관념이고 착각입니다. 왼쪽으로 가나, 오른쪽으로 가나, 진보적이거나, 보수적이거나 그 어디에도 우리가 생각하는 것처럼 쉽고 편안한 길은 없습니다.

다만, 똑같이 힘들기도 하고 어렵기도 하지만 한쪽 길은 노력한 만큼 문제가 줄어들고 풀리고 이루어집니다. 다른 한쪽은 아무리 노력해도 절대로 문제가 줄어들거나 풀리지 않습니다. 풀리는 것처럼, 이루어지는 것처럼 보이지만 문제가 달라질 뿐 실제는 줄어들거나 해결되거나 이루어지지 않습니다. 세상에는 그런 두 개의 길이 있습니다.

지금 우리들이 당연하다고 여기는 길은 사실 가서는 안 되는 길입니다. 아무리 가도 끝이 없는 길입니다. 죽어라 하고 헛고생만 하는 길입니다. 같은 값이면 노력한 만큼 문제가 풀리고 줄어들고 해결되는 길을 가야 하지 않겠습니까. 지금 우리가 새롭게 가고자 하는 길이 바로 그 길입니다. 어려운가, 쉬운가 하는 관점에서 보면 안 됩니다. 참된 것인가, 가치 있는 것인가를 보고 가야 합니다.

"'미국 아이들에게 쉽고 편리한 것이 좋은 것이다.' 라는 인식과 믿음을 갖도록 가르쳐야 한다고 주장하는 그 사람은 미국의 적이다." 미국의 교육 개혁안에 있는 내용입니다. 최첨단을 가고 있는 미국이 풍요와 편리의 위험을 극복하려고 진지하게 고민하고 있습니다. 이기적 소유욕을 쫓는 길은 가도 가도 끝없는 헛수고일 뿐 해답이 되지 않는다는 사실을 직시해야 합니다.

절명상 25

상대적 박탈감에 빠지지 않는 삶의 철학과 신념을 확립하는 것이 생명평화의 길임을 확신하며 절을 올립니다.

왜 상대적 박탈감에 빠지지 않아야 하는가? 실상을 알고 보면 별것도 아닌데도 내 삶을 왜곡시키고 불행하게 하기 때문입니다. 열등의식, 피해의식, 패배의식을 넘어 내가 살고자 하는 의젓하고 당당한 삶을 살기 위함입니다.

25번, 26번은 주체적으로 개성 있는 삶을 가꾼다는 내용과 일맥상통합니다. 현대 한국 사회를 놓고 보면 현실 문제들이 대부분 절대 빈곤보다는 상대적 소외감, 빈곤감, 박탈감 들입니다. 현실적으로 그렇게 되는 이유는 근본적으로 주체적인 자기 철학과 신념을 갖고 개성 있는 삶을 가꾸지 않는 데 있습니다. 그 다음이 삶을 억압하고 왜곡시키는 구조적인 문제들입니다.

현실적으로 문제의 고리를 끊는 길은 주체적인 자기 혁명에서 시작되어야 합니다. 천하를 다 뒤져도 다른 길이 있지 않음을 알아야 합니다. 사람들은 "너는 중이니까 그런 소리 하지. 너도 장가가서 애 낳고 살아봐." 그렇게들 이야기합니다. 그런 점들이 없지 않습니다만, 획일적으로 자본의 가치가 지배하고 있는 한국 사회 안에서는 누구나 대동소이합니다. 차이가 있다면 존재 가치에 대한 안목과 신념들이 제대로 가꾸어졌는가의 여부에 따라 많이 다를 수 있습니다. 나도 늘 돈이 없어서 고민합니다. 갚아야 할 빚도 있습니다. 실상사, 인드라망, 한생명 등의 일들로 인하여 현실적으로 그런 문제가 없지 않습니다. 비록 그렇다 하더라도 자기 철학과 신념, 개성 있는 삶의 방식을 가꾸면 좀 더 효과적으로 문제를 풀어갈 힘이 나옵니다.

요즘 우리는 돈 앞에 지나치게 무력합니다. 인간의 존엄과 자존심도 설 땅이 없습니다. 탈속하게 사는 것을 최고 가치로 삼는 출가자마저 돈 앞에 쩔쩔맬 수밖에 없으니 매우 서글픈 일입니다. 현실을 정직하게 봅시다. 주어진 상황은 대동소이합니다. 시류에 따라 살면 삼백만 원이 필요한데 철학과 신념이 있으면 백만 원만 있어도 당당하고 품위 있게 살 수 있습니다. 이것은 분명합니다. 개인적으로만이 아니라 식구들 또는 이웃과 함께하면 더 좋습니다. 식구들 또는 이웃과 함께하지 아니하면 훨씬 더 힘이 듭니다. 주체적인 자기 철학과 신념이 없으면 돈, 권력, 학력, 명예 앞에 기가 죽습니다. "누구는 좋은 차를 타고 다니는데 나는 뭐야."라든지, "저 사람이 육십 평에 사니 나도 육십 평 정도는 돼야 하잖아."라는 식의 삶에 휘말리게 됩니다. 주체적이고 개성 있는 삶을 품위 있고 의젓하게 살려고 해도 살 수가 없습니다. 하지만 조금 한 발

물러서서 세상을, 삶을 바라보면 그 실상이 잘 보입니다. 실상에 근거한 참된 삶의 길이 열리게 됩니다.

절명상 **26**

돈의 노예가 되지 않는 가치 의식과 삶의 방식을 확립하는 것이 생명평화의 길임을 확신하며 절을 올립니다.

실제 삶에 있어서 돈보다 더 중요한 것들이 많습니다. 진리·사랑·멋·여유·가족·이웃·친구·아름다움·평화로움·만족·기쁨 등 헤아릴 수 없을 정도입니다. 가치 있고 의미 있는 일들이 어디 한두 가지입니까. 의미 있고 가치 있는 삶을 살았을 때 느끼는 기쁨과 돈 벌고 잘 먹는 것으로 얻어지는 기쁨은 질적으로 다릅니다. 진정한 기쁨은 진리의 길인 낮춤·비움·나눔·존중·배려·감사의 삶으로 얻어집니다. 돈, 명예, 권력 따위로는 해답이 나오지 않습니다. 진리에 근거한 가치 의식과 삶의 방식의 생활화를 통해서만 해답이 나올 수 있습니다. 우리가 희망하는 생명평화의 삶은 이 길을 통해서만 이루어질 수 있습니다.

절명상 **27**

인위적 질서를 극복하고 자연의 질서를 존중하는 삶이 생명평화의

길임을 확신하며 절을 올립니다.

21세기 현대를 생명 위기, 생태 위기 시대라고 합니다. 그렇게 된 핵심적 이유 중 하나는 자기 성찰과 자기 절제력이 없기 때문입니다. 할 수 있는 능력이 있더라도 이치에 맞지 않는 것은 스스로 하지 않는 것이 진정한 능력이요 힘입니다. 불행하게도 지금 우리들은 절제력을 온전히 상실한 듯합니다. 참으로 위험합니다.

다른 하나는 일찍이 지구촌 전체적으로 인위가 무위를 압도한 적이 없었는데, 21세기 현대는 인위가 무위를 압도하고 있습니다. 무위자연의 법칙과 질서에 대한 무지와 무시가 극한으로 달리고 있습니다. 최근의 현상들 가운데 새만금, 한반도 운하의 경우가 대표적인 예입니다. 할 수 있고 하고 싶으면 이치에 맞고 맞지 않고는 관계없이 막무가내로 일을 벌이고 있습니다. 눈앞에 자기 이익만 보고 다른 사람들 입장은 안중에도 없이 앞뒤 가리지 않고 마음껏, 욕심껏 일을 하려고 합니다. 실로 두렵습니다.

전통적으로 "농자천하지대본"이라고 했는데, 요즘은 "기업자천하지대본"이라는 말을 큰 소리로 외치고 있습니다. 부모를 바꾸고 조상을 부정하는 그야말로 천하의 근본을 바꾸는 일인데도 많은 사람들이 고개를 끄덕끄덕합니다. 세상에 이보다 더 막가는 사고방식과 논리는 없다고 봅니다. 실로 놀랍고 두려운 일입니다. 인위적 조작의 법칙과 질서가 세상을 좌지우지하고 있습니다. 천하의 근본이 무너지고 있습니다. 터가 무너지면 그 위의 건물도 무너지듯이 천하의 근본인 무위자연이 무너지면 그 위의 인간들의 삶도 위험해질 수밖에 없는 것입니다. 서둘러 대책을 강구해야 합니다.

인위적 법칙과 질서란 사람들의 관념으로 만들어 낸 국가·종교·이념·이익 따위들입니다. 참된 가치는 오간 데 없고 이익 따위만 판치고 있습니다. 지금 우리는 인위적 질서에 따라 할 짓 못할 짓을 다하고 있습니다. 당연히 극복, 조절되어야 합니다.

무위자연의 질서란 사람들의 사고가 개입되기 이전에 형성된 우주 법칙, 자연 조건들입니다. 그 어디 그 누구도 우주 법칙, 자연 조건을 벗어나서는 어떤 삶도 이루어질 수 없습니다. 자연의 질서는 반드시 존중되어야 합니다. 동양의 전통적 사고방식으로는 진속眞俗 불일불이의 삶입니다. 달관과 자족의 삶이라고도 합니다. 너와 나, 이웃과 이웃, 인간과 자연이 균형과 조화를 이루는 삶입니다.

부처님은 말씀하셨습니다. "나는 다만 길을 가르치는 사람일 뿐이다. 길을 가고 안 가고는 내가 관여할 바도 아니고 내가 어찌할 수 있는 일도 아니다."라고. 부처님이 발견해서 제시해 준 길은 두 가지입니다. 하나는 본래부터 있었던 길 즉 우주 자연의 법칙과 질서입니다. 본래부터 있는 길은 가도 되고 안 가도 되는 길이 아닙니다. 그 길은 함부로 해서도 안 되고 함부로 할 수도 없는 길입니다. 그 길은 인간 스스로 주체적으로 기꺼이 가야 하는 길입니다.

다른 하나는 인간이 인위적으로 판단하고 선택하는 길 즉 인위의 길입니다. 국가·종교·이념·선악·시비·정치·경제·사회·교육 들이 전부 인위적으로 만들어 낸 것입니다. 자연의 질서는 인간이 어찌할 수 없지만 인위적 질서는 인간이 좌우할 수 있습니다.

하나는 어찌할 수 없는 길이고 다른 하나는 어찌할 수 있는 길로서 그 관계가 불일불이여야 합니다. 진속 불일불이의 논리입니다. 인간이 가야 할 바람직한 길입니다. 사람이 자연의 법칙과 질서에 조화를 이루는 삶을 살고 그런 사회를 만들어야 한다는 것입니다. 왜냐하면 그런 삶, 그런 사회만이 우리 모두를 안전하고 평화롭고 행복하게 하기 때문입니다.

한번 돌아봅시다. 지금 우리들은 어떻게 하고 있는가. 자연의 법칙과 질서를 철저히 무시하고 있습니다. 인위적 질서가 판치고 있습니다. 그 문제의 실상은 서울을 가 보면 바로 실감할 수 있습니다. 서울에서는 천하의 근본 가치인 생명의 절대 조건이 한 줌도 만들어지지 않습니다. 밥 한 그릇, 물 한 사발, 공기 한 호흡도 생산되지 않습니다. 밤낮없이 생명의 절대 조건을 소비하고 오염시키고 파괴하는 삶을 반복 확대 재생산할 뿐입니다.

서울 밖에 있는 지역, 자연, 농촌, 농업, 농민들이 가꾸고 생산해 낸 생명의 조건에 의지해야만 서울의 삶이 유지됩니다. 실상이 이러함에도 불구하고 서울은 오만하기 그지없습니다. 한국 사회의 모든 것을 좌지우지하려고 합니다. 참으로 어리석고 위험합니다. 아무리 궁리해 봐도 지역, 자연, 농촌, 농업, 농민들에 의지하지 않고 서울이 스스로의 힘만으로 살아가는 것은 불가능합니다.

　　엄연한 서울의 실상에 대해 눈뜨고 겸허해야 합니다. 실상이 그런데도 서울에서의 자연이란 하나의 장식품으로 전락해 버렸습니다. 초라하기 그지없습니다. 생명의 모체이고 삶의 터전인 자연이 인간의 부속품, 장식품으로 취급되고 있습니다. 자식이 부모를 버리듯이 서울이 자신의 모체인 자연, 지역, 농촌, 농업, 농민을 버리고 반생명 비인간화 또는 생명 위기, 평화 위기로 표현되는 비극의 늪을 확대 심화시키고 있습니다. 우리 사회의 모순과 혼란, 부작용과 위험이 여기에서 시작되고 있습니다. 지금 우리가 해야 할 일은 하루빨리 인위적 질서를 극복하고 자연의 질서를 존중하는 방향으로 가는 것입니다. 자연의 질서와 인위적 질서가 균형과 조화를 이루도록 해야 합니다. 진과 속, 도시와 농촌, 자와 타가 불일불이로 가야 합니다.

설명상 28

생명의 실상에 입각하여 설명한 진리의 세계관인 생명평화경을 음미하며 절을 올립니다.

생명의 실상에 입각한다는 것이 구체적으로 어떤 것인가? 어느 책에서 본 것, 누구에게서 들은 것을 그냥 전하는 것이 아닙니다. 또한 본인의 주관적 상상력으로 말하는 것이 아닙니다. 생명이라는 개념을 놓고 볼 때 기존의 어떤 지식과 신념에 의존하지 않으며, 그 누구의 설명도 빌리지 않습니다. 현실적으로 직면한 구체적 사실과 진실인 지금 여기 나의 생명, 너의 생명 그 자체에서 존재의 법칙 또는 우주의 법칙을 파악하고 터득함을 의미합니다.

왜 생명의 실상에 입각한 진리의 세계관이 중요한가? 구체적 사실과 진실에 근거하여 존재를, 세계를 제대로 보느냐의 여부에 따라 그 삶이, 그 역사가 좌우됩니다. 지식이 있느냐 없느냐, 상상력이 풍부하냐 빈약하냐, 기독교적이냐 불교적이냐, 좌파적이냐 우파적이냐, 이성적이냐 감성적이냐, 철학적이냐 종교적이냐, 정신적이냐 물질적이냐가 중요한 것이 아닙니다. 진정 중요한 것은 직면한 진리인 구체적 사실과 진실에 근거하고 그에 일치하며 잘 어울리는가입니다. 따라서 보편적 진리에 어긋나는 이원론, 실체론의 세계관은 생명의 질서에 어긋나기 때문에 끊임없는 갈등과 대립의 삶과 역사를 반복 확대 재생산합니다. 그간의 문명사가 그것을 잘 웅변해 주고 있습니다. 생명그물의 세계관을 가질 때 비로소 신뢰와 협력의 삶과 역사를 창조합니다.

인류의 스승들이 공통적으로 그 모범을 보여주었습니다. 문제를 해결하는 길은 올바른 세계관을 확립하는 일에서부터 시작됩니다. 올바른 세계관이란 본래의 길, 근본의 길, 처음의 길, 만인의 길, 영원의 길입니다. 즉 우리 모두가 반드시 가야 할 올바른 방향과 길입니다. 올바른 방향을 잡지 못한 채 마구 달려가면 길을 잃고 헤매는 결과가 되고 맙니다. 가야 할 곳은 동쪽인데 서쪽을 향하여 달리는 꼴입니다. 모래를 쪄서 밥을 지으려는 것처럼 헛수고가 될 뿐입니다.

생명의 실상에 근거한 보편적 진리의 세계관을 확립하는 일은 그 무엇보다도 우선하여 중요합니다. 생명평화경에서 제시하는 진리인 인드라망 세계관은 존재의 실상에 근거한 것입니다. 누구나 할 것 없이 자기 세계관으로 삼아야 할 보편적인 길임을 잊어서는 안 됩니다. 진리의 세계관에 근거하고 그 세계관에 일치하게 사고하고 말하고 행동할 때 저절로 생명평화의 삶이 이루어진다는 것을 확신해야 합니다.

절명상 29

이것이 있음을 조건으로 저것이 있게 되는 우주 생명의 진리를 가슴에 새기며 절을 올립니다.

생명평화경에 나오는 전체의 내용은 "이것이 있음을 조건으로 저것이 있게 되고, 저것이 있음을 조건으로 이것이 있게 된다."입니다. 이 구절은 모든 존재들이 상호 의존성, 상호 변화성의 진리에 따라 생성하는 그 실상을 논리적으로 설명한 것입니다.

절명상 30

이것이 없음을 조건으로 저것이 없게 되는 우주 생명의 진리를 가슴에 새기며 절을 올립니다.

29번처럼 전체적으로는 "이것이 없음을 조건으로 저것이 없게 되고, 저것이 없음을 조건으로 이것이 없게 된다."입니다. 역시 모든 존재들이 상호 의존성, 상호 변화성의 진리에 따라 소멸하는 그 실상을 논리적으로 설명한 것입니다.

절명상 31

서로 의지하고 도우며 생성 소멸하는 우주 자연의 질서가 영원한 진리임을 새기며 절을 올립니다.

결론적으로 31번은 29번과 30번을 종합하여 상호 의존성, 상호 변화성의 진리에 따라 생성하고 소멸하는 존재의 법칙이 보편적 진리임을 말하고 있습니다.

절명상 32

언제 어디에서나 내 생명의 실상이 본래 그물의 그물코처럼 존재하는 것임을 가슴에 새기며 절을 올립니다.

그물의 그물코란 진리의 세계관을 비유로 표현한 것입니다. 왜 그물의 그물코처럼 존재함을 새겨야 하는가? 진리의 세계관에 대한 확고한 인식과 확신이 문제를 풀어내는 근본이요, 우리가 나아가야 할 올바른 방향과 길이기 때문입니다.

29번에서 32번까지는 진리의 길인 생명평화 세계관입니다. 이 세계는 어디에서부터 시작되거나 누구에 의해서 만들어진 것이 아닙니다. 본래 스스로 존재하는 상호 의존성, 상호 변화성의 진리에 따라 스스로 그렇게 이루어졌습니다. 논리적으로 이것은 저것에, 저것은 이것에 서로 의지하고 도우며 생성 소멸한다고 표현했습니다. 서로 의지하고 도우며 존재하는 그물의 그물코와 같다는 것입니다. 그 내용은 생명평화경 총론에서 설명되었습니다.

한마디로 '너'나 '나'나, 가거나 오거나, 죽으나 사나 함께 사는 길밖에 다른 길이 있지 않다는 것입니다. 죽음이 오면 기꺼이 죽음과 함께, 삶이 오면 기꺼이 삶과 함께, 봄이 오면 따뜻함과 함께, 겨울이 오면 추위와 함께, 함께 사는 길만이 참된 길이라는 것입니다. 누군가 물었습니다. "세상이 이렇게 더울 때는 어떻게 해야 합니까?" 옛 선사는 말했습니다. "화탕 노탕 속으로 들어가거라." 그래야 더위의 문세가 해결된다고.

오늘의 우리들은 어떻게 하고 있습니까. 항상 직면한 현실에 온전하게 함께하는 삶을 살고 있지 않습니다. 분열, 갈등, 대립의 불행한 삶을 사는 데 길들여져 있습니다. 언제나 현재를 온전하게 살지 못하는 것이지요. 인간의 고통과 불행이 여기에서 비롯되고 있음을 직시해야 합니다. 어떤 경우가 있는지 살펴보겠습니다.

여름 더위가 오면 더위를 버리고 겨울의 시원함을 생각하고, 겨울 추위가 오면 추위를 부정하고 여름 더위를 생각합니다. 여름이 오면 더위와, 겨울이 오면 추위와 끝없이 갈등하고 대립하고 싸우는 삶이 되풀이됩니다. 불일불이의 인드라망 진리에 대해 무지하고 어긋나는 삶을 사는 한 어떤 형태로 살든 끝없는 싸움판이 되게 마련입니다.

가족 관계, 부부 관계도 크게 다르지 않습니다. 내 집에 있을 때는 재미가 없는데 다른 집에 가면 재미있다고 여깁니다. 스스로 내 집에 가치를 부여하지 않으며, 가치를 만들어 내려고 노력하지도 않습니다. 남의 밥그릇이 더 크게 보인다는 속담처럼 막연하게 비현실적으로 생각하며 살아갑니다. 모두가 전도몽상의 삶을 살고 있는 것이지요. 내가 어떤 존재인지, 상대의 존재 의미가 무엇인지에 대해 무지하거나 잘못 알고 있습니다. 그로 인하여 늘 본인이 있는 현장과 가까이 함께하는 사람이 나에게 얼마나 중요한 곳인지, 얼마나 고마운 존재인지를 제대로 알려고 하지 않습니다. 당연히 잘 모르게 되고 그것이 문제를 악화시키게 됩니다.

절에 있는 스님들을 보면 그런 문제들이 잘 보입니다. 온 동네방네 사람들이 여름이 되면 아름답고 시원하고 넉넉한 곳인 절을 찾아옵니다. 그런데 스님들은 자신들이 살고 있는 절집이라는 현장이 얼마나 좋고 귀한 곳인지에 대해 제대로 인식하지 못합니다. 그러므로 여름이 되면 바다로 가자, 더 깊은 산으로 가자고 합니다. 잘 관찰해 보면 우리들도 대부분 그런 식으로 살고 있습니다. 멀리 엉뚱한 곳을 바라보지 말고 직면한 현실인 지금 여기의 의미를 제대로 알아서 항상 함께 살 생각만 확실하게 하면 바로 그 자리에 길이 있습니다.

"가장 중요한 시간은 언제인가. 지금 이 순간이다. 가장 중요한 사람은 어떤 사람인가. 지금 내가 만나는 그 사람이다. 가장 훌륭한 일은 어떤 일인가. 지금 만나는 그 사람에게 정성과 사랑을 다하는 일이다."라는 말이 있습니다. 음미하고 또 음미할 일입니다.

절명상 33
생명의 실상이 본래 한몸 한생명 공동체임을 눈뜨게 하는 생명평화경을 음미하며 절을 올립니다.

절명상 34
뭇 생명은 자연에 의지하여 살아가는 공동체 존재임을 마음에 새기며 절을 올립니다.

절 명상 35

우리나라는 이웃 나라에 의지하여 살아가는 국가 공동체임을 마음에 새기며 절을 올립니다.

절 명상 36

우리 종교는 이웃 종교에 의지하여 살아가는 종교 공동체임을 마음에 새기며 절을 올립니다.

절 명상 37

우리 마을은 이웃 마을에 의지하여 살아가는 고향 공동체임을 마음에 새기며 절을 올립니다.

절 명상 38

우리 가족은 이웃 가족에 의지하여 살아가는 가족 공동체임을 마음에 새기며 절을 올립니다.

절 명상 39

나는 그대에 의지하여 살아가는 공동체 생명임을 마음에 새기며 절을 올립니다.

절 명상 40

공동체 생명들은 서로 의지하고 돕는 진리의 삶을 살 때 비로소 행복하게 되는 것임을 마음에 새기며 절을 올립니다.

왜 불일불이의 한몸, 한생명 공동체임에 눈떠야 하는가? 눈뜨는 일을 달리 표현하면 달관 또는 깨달음입니다. 불일불이의 공동체임을 사실대로 파악하고 확신할 때 기꺼이 더불어 사는 길을 가려고 최선의 노력을 하게 됩니다. 왜곡된 삶의 문제를 극복하고 넘어서는 길이 여기서부터 열리게 됩니다. 존재의 실상이 본래 불일불이의 공동체이므로 그 실상을 마음에 새기고 그 실상대로 더불어 살아가야 하는 것입니다.

    33번에서 40번까지는 보편적 진리의 길인 인드라망 세계관에 의해 형성된 생명평화 사회상입니다. 우주 자연의 질서에 근거하여 인위적으로 만들어진 것이 국가, 종교, 마을, 가족, 자신입니다. 현상적으로 보면 처음부터 각각 분리되어 있는 것처럼 보입니다. 본래부터 함께하지 않아도 되도록 서로 나누어져 있는 것처럼 여겨집니다. 각각 분리되어 있다는 우리들의 인식과 믿음이 구체적인 실상과 일치하는지 사실을 확인해 보면 그것은 무지와 착각으로 인한 관념일 뿐입니다.

    실상은 우리의 무지와 착각의 관념에 관계없이 본래부터 서로 의지하고 서로 돕는 관계 즉 불일불이의 공동체로 이루어져 있

습니다. 안으로 보나 밖으로 보나, 정신적으로 보나 물질적으로 보나, 주체적으로 보나 객관적으로 보나, 이렇게 보나 저렇게 보나, 그 실상은 그물의 그물코처럼 불일불이의 공동체 존재입니다.

그뿐만이 아닙니다. 한걸음 더 나아가 나에게 천하의 중심은 늘 내가 선 자리, 너에겐 네가 선 자리일 뿐, 그 어디 그 누구도 중심이 따로 있지 않습니다. 개인적으로 보든, 전체적으로 보든, 어떻게 보든 총체적 관계로 존재합니다. 이 소식을 화엄경에서는 중중무진연기법(겹겹으로 무궁무진하게 관계 맺어서 존재함)이라고 표현했습니다.

절 명상 41
본래 한몸 한생명 공동체임을 망각한 이기적 삶을 참회하게 하는 생명평화경을 음미하며 절을 올립니다.

절 명상 42
뭇 생명의 뿌리인 자연을 함부로 취급해 온 인간 중심의 이기적 삶을 참회하며 절을 올립니다.

절 명상 43
우리나라의 의지처인 이웃 나라를 배척해 온 내 나라 중심의 이기적 삶을 참회하며 절을 올립니다.

절 명상 44

우리 종교의 의지처인 이웃 종교를 부정해 온 자기 종교 중심의 배타적 삶을 참회하며 절을 올립니다.

절 명상 45

우리 가족의 의지처인 이웃 가족을 외면해 온 내 가족 중심의 이기적 삶을 참회하며 절을 올립니다.

절 명상 46

내 생명의 어버이이신 그대를 가볍게 취급해 온 자기중심의 이기적 삶을 참회하며 절을 올립니다.

절 명상 47

내 나라, 내 종교, 내 가족 중심의 이기심으로 살아온 왜곡된 집단 중심의 삶을 참회하며 절을 올립니다.

절 명상 48

소유와 힘의 논리, 경쟁과 지배의 논리로 살아온 왜곡된 자기 사랑의 삶을 참회하며 절을 올립니다.

41번에서 48번까지는 생명평화 인간상 가운데 있는 참회 내용입니다. 왜 이기적 삶을 참회해야 하는가? 진리에 어긋나는 삶이기 때문입니다. 불신과 갈등, 싸움과 고통의 근본 원인이 실체가 없는 자아의식에 근거한 소유와 이기심입니다. 진리에 어긋나는 왜곡된 삶, 비정상적인 삶이기 때문에 참회해야 합니다. 바르고 정상적인 삶을 회복하고 가꾸기 위한 기본이 잘못을 알고 뉘우치는 일입니다.

생명평화 백대서원은 하나의 거울입니다. 내 삶을, 너의 삶을, 우리의 삶을 백대서원의 거울에 비추어보고 진리의 세계관에 어긋난 것이 있으면 끊임없이 반성하고 참회하는 것이 우리가 해야 할 수행입니다. 잘못을 알고 뉘우침으로부터 가치 있는 삶이 시작됩니다. 생명평화 인간상의 전체는 "진리의 정신에 따라 인위적 질서를 극복하고 자연의 질서를 존중할 것, 상대의 가치를 잘 알고 그 가치를 정성스럽게 존중할 것"을 다양하게 이야기하고 있습니다. 다른 것은 대부분 문제가 되지 않는데, 43번과 44번 그리고 다음에 나오는 51번과 52번은 자연스럽게 수긍이 되지 않을 것입니다. 습관화된 기존의 사고와 삶의 방식으로 보면 자연스러운 반응입니다.

현실이 그렇다 하더라도 언제 어디에서나 잊지 않고 기억해야 할 것은 진리는 공평무사하다는 사실입니다. 여기에는 적용하고 저기에는 적용하지 않고, 내 편에는 적용하고 상대편에는 적용하지 않고, 마음에 들면 하고 마음에 들지 않으면 안 하고, 이익이 있으면 하고 이익이 없으면 하지 않는 것은 공평무사함을 생명으로 삼는 진리의 정신에 대한 무지입니다. 구체적 실상을 보면 너와 나, 이웃과 이웃, 종교와 종교, 국가와 국가, 인간과 자연이 전부 상호 의존해 있습니다. 말 그대로 불일불이입니다.

실제 현대 사회는 국경·체제·이념 따위로 분리된 기존의 국가관이 소용없는 상황으로 가고 있습니다. 근·현대 사회에서 우리가 가졌던 국가에 대한 인식이 아무 의미가 없어지고 있습니다. 하나의 예로 중국에서 몰려오는 오염된 황사 즉 환경문제를 봅시다. 국경·체제·이념이 생명의 절대 조건인 우리 환경을 지켜줄 것으로 믿었는데 현실적으로 불가능해지고 있습니다.

환경문제처럼 정보와 자본의 문제도 마찬가지입니다. 기존의 국경·체제·이념이 정보와 자본을 가두어 놓을 수 없습니다. 정보와 자본이 국경·체제·이념과 관계없이 전 세계를 휩쓸고 다닙니다. 예전에는 기술이 부족해서 대부분의 문제들이 국경·체제·이념이라는 울타리에 막힐 수밖에 없었는데 지금은 기존의 모든 벽이 무너지고 있습니다. 따라서 현대는 기술이 첨단화되면서 지금까지와는 다르게 진리의 세계관이 구체적인 사회 현상으로 나타나고 있습니다.

그 구체적인 모습으로 현대 사회를 지구촌 시대라고 합니다. 지구가 한 마을이 된 것입니다. 마을이란 적이 없는 사회를 뜻합니다. 세계의 실상을 보면 우리가 왜곡되게 알고 있었을 뿐 처음부터 적이란 존재하지 않았습니다. 너나없이 동전의 양면처럼 공동 운명체의 동반자입니다. 현실이 이러한데 우리의 사고와 삶의 방식은 실상과 다르게 분리, 분열, 대립으로 가고 있습니다. 날로 더, 함께는 무너지고 개별화, 파편화의 길로 질주하고 있습니다. 하루빨리 인드라망 세계관에 맞게, 또는 오늘의 현실에 맞게 사고와 삶의 태도와 방식을 가꾸어 가야 합니다.

47번 이야기를 좀 더 해보면, 인류 역사에서 국가·이념·종교·자유·정의·평화의 명분으로 편을 나누어 상대의 생명을 죽이고 상대의 평화를 파괴하는 반생명 비인간적인 일들이 수없이 벌어졌습니다. 문명사적으로 보면 기가 막히는 일입니다. 그렇게 된 이유 가운데 하나는 근원적으로 보는 안목 즉 모두 다 함께 지녀야 할 보편적인 진리의 세계관이 없었기 때문입니다. 진리에 어긋나는 그릇된 세계관에 사로잡혔던 것입니다. 다른 하나는 실사구시 즉 존재의 실상에 근거하여 삶을 다루지 않았습니다. 신의 소리, 내면의 소리를 듣는 성찰의 삶을 소홀히 해왔습니다. 진리의 자리, 양심의 자리, 생명의 자리에는 결코 국가·종교·이념·이익 따위의 울타리가 존재하지 않습니다. 자기중심의 이기적인 사고방식이 발붙일 수 없습니다.

국가·종교·이념·이익 등 인위적으로 만들어진 왜곡된 사고에 길들여진 신념들이 양심의 소리로 나타나는 경우가 많습니다. 모두가 인위적으로 길들여진 신념이지 진리에 근거한 원초적 양심의 소리가 아님을 직시해야 합니다. 소유와 힘의 논리, 경쟁과 지배의 논리, 자기·집단 중심의 이기적 논리들은 진리에 어긋나는 왜곡된 자기 사랑의 논리요, 자기 합리화의 논리입니다. 문제의 본질을 명철하게 직시해야 합니다.

절 명상 49
우주의 법칙에 따라 섬김과 모심의 삶을 살도록 하는 생명평화경을 음미하며 절을 올립니다.

절 명상 50
자연을 뭇 생명의 하느님으로 대할 때 비로소 뭇 생명이 안전하게 되는 진리를 생각하며 절을 올립니다.

절 명상 51
이웃 나라를 내 나라의 하느님으로 대할 때 비로소 내 나라가 평화롭게 되는 진리를 생각하며 절을 올립니다.

절 명상 52
이웃 종교를 내 종교의 하느님으로 대할 때 비로소 내 종교가 빛나게 되는 진리를 생각하며 절을 올립니다.

절 명상 53

이웃 가족을 내 가족의 하나님으로 대할 때 비로소 내 가족이 편안하게 되는 진리를 생각하며 절을 올립니다.

절 명상 54

만나는 상대를 내 삶의 하나님으로 대할 때 비로소 내 삶이 행복하게 되는 진리를 생각하며 절을 올립니다.

왜 상대를 하느님으로 대하는 섬김과 모심의 삶을 살아야 하는가? 우주의 진리가 그러하기 때문입니다. 진리대로 살아가야 나의 바람, 생명의 바람인 아름답고 평화롭고 행복한 삶이 이루어지기 때문입니다.

　　　　49번에서 54번까지도 생명평화 인간상입니다. 앞에서는 보편적인 진리에 어긋나는 삶을 참회했습니다. 지금은 진리의 삶을 살기 위한 서원 즉 다짐을 하는 순서입니다. 인위적 사고와 논리 이전에 진리의 관점, 근본의 관점에서 보면, 자연이 없는 국가, 사회, 인간이란 존재할 수 없습니다. 이웃 나라, 이웃 종교가 없는 내 나라, 내 종교는 성립되지 않습니다.

　　　　일상적 경험을 놓고 생각해 봅시다. 혼자 있으면 상대가 그립습니다. 남자는 여자가 그립습니다. 자식은 부모가 그립습니다. 도시에서는 자연이 그립습니다. 왜 그럴까? 나의 정체성은 상대

즉 너에 의지해서 성립됩니다. 남자의 정체성은 여자에 의지해서 성립됩니다. 자식의 정체성은 부모에 의지해서 성립됩니다. 도시 문명의 정체성은 자연과 농촌에 의지해서 성립됩니다. 온통 상대와의 관계로 이루어졌습니다. 이 세상 그 어디 그 무엇도 분리되어 홀로 독자적으로 존재하는 것은 없습니다. 존재의 질서 자체가 그물의 그물코처럼 서로 의지하고 도우며 살게 되어 있습니다. 이 그물코는 저 그물코에 의지해 있습니다. 저 그물코는 이 그물코에 의지해 있습니다. 서로가 서로에게 모체로 존재하고 있습니다. 그물코 하나하나들이 서로가 서로에게 절대적으로 중요하고 거룩하고 고마운 존재입니다. 하나하나의 거룩함, 신성함, 고마움을 하느님으로 표현했습니다. 그물코의 정신에 따라 살아가는 섬김과 모심의 삶이 진리의 삶이고 생명평화를 이루는 삶입니다. 참된 의미의 자타, 진속 불일불이의 구체적 실천입니다. 진리가 그러하므로 우리도 그 진리에 따라 섬김과 모심의 태도로 살아야 하는 것입니다.

사람들은 거의 습관적으로 좋고 이익이 있으면 하고 그렇지 않으면 하지 않습니다. 아무 의심 없이 당연하게 그래도 괜찮다고 생각하는 것이 문제입니다. 이익과 불이익이 기준이 되어서는 안 됩니다. 보편적인 진리의 세계관이 판난의 기준이 되어야 합니다. 진리에 입각한 올바른 방향과 관점을 회복해야 합니다. 우리에게 무엇보다도 우선적으로 필요한 것이 보편적 진리에 입각한 근본적 관점과 태도를 갖는 일입니다.

절 명상 55

내 생명의 실상을 달관하고 자족의 삶을 가꾸도록 하는 생명평화경을 음미하며 절을 올립니다.

절 명상 56

인간 중심의 무절제한 탐욕을 버리고 자연과 함께하는 자족의 삶을 다짐하며 절을 올립니다.

절 명상 57

내 나라 중심의 편협한 삶을 버리고 이웃 나라와 함께하는 자족의 삶을 다짐하며 절을 올립니다.

절 명상 58

내 종교 중심의 편협한 삶을 버리고 이웃 종교와 함께하는 자족의 삶을 다짐하며 절을 올립니다.

절 명상 59

내 가족 중심의 편협한 삶을 버리고 이웃 가족과 함께하는 자족의 삶을 다짐하며 절을 올립니다.

절 명상 60

자기중심의 편협한 삶을 버리고 상대와 함께하는 자족의 삶을 다짐하며 절을 올립니다.

왜 달관과 자족의 삶을 가꾸어야 하는가? 내가 살고 싶은, 우리가 이루고 싶은 생명평화의 삶과 세상을 실현하는 길이 그 길밖에 없기 때문입니다.

　　　55번에서 60번까지도 생명평화 인간상입니다. 달관의 의미는 앞의 7번에서 다루었습니다. 여기에서는 자족의 의미를 짚어봅시다. 자족이란 자기 삶에 대해 스스로 만족함 또는 저절로 만족스러움입니다. 삶을 왜곡시키는 소유욕을 충족시켰을 때의 기쁨과, 진리의 길인 낮춤·비움·나눔·존중·배려·감사함을 수행했을 때의 기쁨은 질적으로 다릅니다. 소유욕으로 얻어지는 기쁨은 순간적일 뿐 아니라 누군가에게 아픔을 주고 나아가 문제를 반복 재생산하는 한계와 부작용이 있습니다. 진리의 길인 낮춤·비움·나눔·이해·존중·배려하는 삶을 생활화하면 안정적인 기쁨, 서로의 기쁨, 함께의 기쁨이 상승효과를 가져옵니다. 비로소 참된 행복이 실현되는 것입니다.

　　　자족이란 말은 현재 존재 자체 또는 행위 자체로 만족하다, 이만하면 충분하다는 뜻입니다. 또는 나의 것으로 소유하고 쌓아 모으지 않아도 진리대로 행위 하는 그 자체로 보람을 느끼고 기쁨을 느끼고 행복해지는 것을 의미합니다. 현실적으로 배고프지 않고 춥지 않아서 생존의 문제가 없을 정도면 진리에 따라 모심과 섬김의 삶을 사는 것으로 괜찮다, 행복하다는 것입니다. 존재의 실상을 달관하면 그런 삶의 태도를 견지하게 됩니다. 상대적 소외감·박탈감·승부의 논리·소유의 논리로부터 자유로워집니다. 달관하지 못하면 상대적으로 학력·명예·재산·직업·이익 따위 앞에서 비굴해지고 무력해집니다.

　　부처님이 어느 날 바라문 농부의 집에 탁발을 갔습니다. 마침 밭에 가려고 짐을 꾸리던 농부가 "나는 밭을 갈아서 밥을 먹고 산다. 몸이 불구도 아닌데 왜 얻어먹고 사느냐? 직접 일을 해서 먹고 살아라."라고 했습니다. 부처님은 "나는 마음의 밭을 간다."고 했습니다. 부처님의 이야기를 들은 농부가 감동을 받고 밥을 챙겨 드렸습니다. "설법의 대가로 밥을 주고받는 것은 진리의 정신에 어긋나는 상업 행위이다. 출가 수행자인 여래는 법을 팔아 밥을 얻지 않는다."고 하며 집을 나왔습니다.

　　여기에서 중요한 것은 출가 수행자인 여래는 진리에 어긋나는 상업적 삶을 살지 않는다는 것입니다. 얻어먹는 것은 모양새가 영락없이 거지와 똑같은데 문제의식은 전혀 다릅니다. 주체적인 자기 철학과 신념을 갖고 있기 때문에 얻어먹어도 당당할 수 있습니다. 현상적으로 보면 부자들이 행복할 것 같은데 실제 내용으로는 그렇지 않습니다. 우리나라에서 대표적인 부자 가운데 한 사람인 ○○○ 씨가 자살했습니다. 왜 그랬을까? 현실적으로 불행했기 때문입니다. 행복이란 실제 내용에 있어서 스스로 삶에 만족하는 것입니다.

실상을 달관하고 기꺼이 함께하는 자족의 삶을 살아가면 추구하는 과정에서 부작용이 발생하지 않습니다. 자족의 삶이 이루어진 다음에도 문제를 낳지 않습니다. 너와 내가 함께 평화롭고 행복해집니다. 자족의 개념이 대단히 중요하고 반드시 필요한 이유가 여기에 있습니다.

절 명상 61
자연의 개성과 가치의 존귀함을 이해·존중·감사하는 진리의 삶을 다짐하며 절을 올립니다.

절 명상 62
이웃 나라의 개성과 가치의 존귀함을 이해·존중·감사하는 진리의 삶을 다짐하며 절을 올립니다.

절 명상 63
이웃 종교의 개성과 가치의 존귀함을 이해·존중·감사하는 진리의 삶을 다짐하며 절을 올립니다.

절 명상 **64**

이웃 가족의 개성과 가치의 존귀함을 이해·존중·감사하는 진리의 삶을 다짐하며 절을 올립니다.

절 명상 **65**

상대의 개성과 가치의 존귀함을 이해·존중·감사하는 진리의 삶을 다짐하며 절을 올립니다.

절 명상 **66**

진정한 행복은 존재의 정체성에 대한 성찰과 서원의 삶으로 이루어지는 것임을 확신하며 절을 올립니다.

왜 이해·존중·감사의 삶을 살아야 하는가? 진리가 그러하기 때문이며 그렇게 살아야만 자족 즉 행복한 삶이 이루어지기 때문입니다.

61번부터 66번까지도 생명평화 인간상입니다. 지금 여기 나는 어떤 존재인가? 총체적 관계의 존재입니다. 어떻게 살아야 하는 존재인가? 보편적 진리에 따라 살아야 하는 존재입니다. 왜 진리에 따라야 하는가? 그래야 행복한 삶이 이루어지기 때문입니다. 진리에 따르는 삶이 어떤 것인가? 끊임없는 자기 성찰을 통해 진리의 길인 낮춤·비움·나눔·존중·배려·감사의 삶을 사는 것입니다.

생명평화경에서는 진리를 "상호 의존성, 상호 변화성의 조건을 따라 생성 소멸하는 우주의 진리는 현재에도 그러하고 과거에도 그러하며 미래에도 그러하다."라고 표현했습니다. 진리는 시간과 공간을 넘어 보편성을 띠고 있습니다.

자연의 개성과 가치, 이웃 나라의 개성과 가치, 이웃 종교의 개성과 가치 등을 왜 존중해야 하는데, 왜 사랑해야 하는데, 왜 감사해야 하는데, 하는 물음을 던져야 합니다. 치열하게 따져야 합니다. 왜 사랑해야 하는가? 기독교에서는 하느님의 뜻이다, 그렇게 설명합니다. 불교에서는 법이 그러하기 때문이다, 라고 이야기합니다. 더 일반화시키면 진리가 그러하기 때문이다, 라고 말합니다. 앞에서 농부에 대한 이야기를 했습니다. 벼를 사랑하지 않고는 농부가 배고픔을 면할 수가 없으며, 따듯하게 밥을 먹고 사는 것이 불가능해집니다. 진리가 그렇게 되어 있습니다. 종교적 실천으로 말하면 자비이고 사랑입니다.

앞에서도 언급했듯이 나는, 내 생명은 어떤 존재인가 하는 문제의식에 대한 해답을 자기 정체성이라는 개념으로 표현했습니다. 나는 너에 의지해서 존재하고 있습니다. 그물의 그물코처럼 자타가 불일불이의 존재입니다. 진리가 그러하므로 항상 자기 성제성대로 살아야 합니다. 정체성에 충실한 삶이 동체대비의 삶입니다.

다음은 성찰과 참회와 서원에 대해 생각해 봅시다. 성찰은 진실을 아는 행위입니다. 참회는 '아, 내가 잘못했구나.' 하고 뉘

우치는 행위입니다. 서원은 '진리를 따라 제대로 가야겠다.' 하고 다짐하는 행위입니다. 성찰·참회·서원이 수행의 전부라고 해도 틀리지 않습니다. 지금 여기에서 주체적으로 끊임없이 성찰과 참회와 서원을 생활화해야 합니다.

절 명상 67

어떤 명분의 폭력도 사용하지 않겠다고 하는 생명평화 서약을 마음에 새기며 절을 올립니다.

절 명상 68

모든 생명들에게 저질러온 심리·언어·육체·성·물리·사회적인 여러 형태의 폭력을 참회하며 절을 올립니다.

절 명상 69

자기 안의 불의와 사회의 불의가 발붙이지 못하도록 치열하게 살아갈 것을 다짐하며 절을 올립니다.

절 명상 70

어떤 명분의 불의와 폭력도 비폭력 불복종 실천으로 단호하게 거부하고 극복할 것을 다짐하며 절을 올립니다.

67번에서 70번까지는 생명평화 서약의 첫 번째 단락입니다.

왜 폭력을 사용하지 않아야 하는가? 왜 불복종을 실천해야 하는가? 진리에 어긋나기 때문이며 문제가 더 악화되기 때문입니다. 상식적으로 폭력 하면 주먹질, 칼질, 총질 등 육체적 물리적 싸움과 전쟁을 떠올립니다. 우리들의 폭력에 대한 이해가 대단히 피상적으로 흘러가고 있습니다. 그렇게 되면 일상화되어 있는 폭력의 문제를 간과할 수 있습니다. 폭력의 문제는 일반적인 상식과는 달리 훨씬 근본적이고 복잡한 문제입니다.

삶을 고통스럽고 황폐하게 만드는 심리·언어·육체·성·물리·사회적인 모든 것들이 폭력성입니다. 보통 남성은 폭력적이고 여성은 평화적이라고 생각합니다. 밖으로 나타나는 현상만 보면 그 말이 옳습니다. 우리의 생각처럼 실상도 그러한가? 실상은 전혀 다르게 되어 있습니다. 삶을 고통스럽게 하고 황폐하게 만드는 심리적인 것까지를 고려하면 사실은 남성과 여성이 크게 다르지 않습니다. 모성애를 이야기할 때, 모성애는 아름답다, 위대하다, 거룩하다고 합니다. 현실적으로 실제 말과 내용이 일치하는가? 대상이 자식일 때는 틀리지 않습니다. 대상이 바뀔 때는 전혀 다르게 작동합니다. 삶을 고통스럽게 하고 피폐하게 만드는 시기·실투·분노·증오로 나타납니다. 바로 길 잃은 모성애이며 폭력의 또 다른 얼굴입니다. 여기에서 몇 가지 문제점이 드러납니다. 첫째, 우리들의 폭력에 대한 상식이 왜곡되어 있다는 것입니다. 둘째, 지식과

논리 즉 언어의 한계와 문제에 대한 무지입니다. 셋째, 진리의 눈으로 보는 근원적 관점이 없는 것입니다.

폭력에 대한 자신의 사고와 신념을 냉철하게 성찰하고 반성해야 합니다. 폭력에 대한 자신의 지식과 논리를 실사구시적으로 다루어야 합니다. 진리의 정신에 눈을 뜨고 진리의 정신으로 문제를 바라보고 다루는 근본적 태도가 필요합니다. 지금 폭력을 사용하지 않겠다, 폭력에 대해 참회한다고 하는 것은 비폭력의 삶으로 나아가려는 구체적인 몸짓입니다. 폭력이라는 말 못지않게 비폭력이라는 말도 왜곡되어 있습니다. 일반적으로 비폭력 하면 물리적 폭력을 사용하지 않는 것 정도로 여깁니다. 곰곰이 따져보면 그 문제도 일반적인 생각보다 훨씬 근원적입니다. 비폭력의 본질은 바로 진리의 길인 진실과 사랑입니다.

진실과 사랑의 예로, 먼저 우주 자연의 사랑이 어떤 것인지 살펴보겠습니다. 한 생명을 낳고 길러내기 위해 봄은 따듯하고, 여름은 덥고, 가을은 시원하고, 겨울은 춥습니다. 따듯함·더움·시원함·추움이 우주 자연의 사랑입니다. 그 사랑에 의해 우리들의 생명이 태어나고 자라고 꽃피고 열매를 맺습니다. 우주 자연의 사랑은 보편적입니다. 언제나 공평무사합니다. 우리가 실현해야 할 사랑이 바로 우주 자연의 보편적 사랑입니다.

다음은 부처님과 그 아들 라훌라의 이야기입니다.

어느 날 부처님이 말썽꾸러기인 라훌라에게 발을 씻게 합니다. 그리고 묻습니다.
"이 물을 마실 수 있겠느냐?"
"마실 수 없습니다."
"왜 마실 수 없느냐?"
"발을 씻은 더러운 물이기 때문입니다."
"그 물을 내다버려라."
또 묻습니다.
"세숫대야에 밥을 담아서 먹을 수 있겠느냐?"
"그럴 수 없습니다."
"왜 그렇느냐?"
"발을 씻는 더러운 그릇이기 때문입니다."
그때 부처님이 발로 대야를 걷어찹니다. 그러고는 "네가 계속 거짓말하고 말썽을 부리면 발 씻은 물처럼 버림을 받을 것이고, 대야처럼 걷어차일 것이다." 하고 나무랍니다.

    진정한 사랑이 어떤 것인지, 진정한 비폭력이 어떤 것인지 이해하는 데 참고가 되는 내용입니다. 가까운 역사의 인물로는 파괴적이고 파멸적인 폭력을 극복하고 넘어서서 비폭력의 길을 열어가기 위해 일생을 바쳤던 간디의 삶에서 구체적으로 배울 수 있습니다.

　　　불교에서는 진실과 사랑을 지혜와 자비라고 합니다. 존재의 실상을 제대로 아는 것이 지혜이고, 진리의 정신으로 행동하는 것을 자비라고 합니다. 지혜와 자비는 동전의 양면과 같습니다. 지혜 없는 자비는 눈 없는 손발과 같아서 길을 잃게 됩니다. 자비 없는 지혜는 손발 없는 눈과 같아서 물속에 있으면서 목말라 죽습니다. 지혜 없는 자비, 자비 없는 지혜는 모두가 왜곡된 또는 절름발이 지혜요, 자비입니다.

　　　길 잃은 우리들의 노력이 어떤 결과로 나타나는지 짚어봅시다. 개인적으로 사회적으로 줄기차게 노력해 왔습니다. 눈부시게 변화하고 발전했습니다. 그러나 우리들의 기대나 믿음과 다르게 계속 복잡해지고 어려워지고 혼란스러워지고 위험해졌습니다. 왜냐하면 방향과 길을 잃었기 때문입니다.

　　　길 잃은 지혜와 자비가 어떤 것인지 부모의 자식 사랑을 예로 들겠습니다. 전통적으로 '엄격한 아버지', '자애로운 어머니' 라고 했습니다. 지혜는 아버지, 자비는 어머니로 표현해도 될 것입니다. 많은 경우 아버지의 자식 사랑은 일방적인 권위주의 형태로, 어머니의 자식 사랑은 맹목적인 감싸기 형태로 나타납니다. 모두가 길 잃은 부모의 사랑입니다. 그로 인하여 나타나는 문제들은 설명을 필요로 하지 않을 정도입니다.

　　　현재 진행되고 있는 부시의 이라크 전쟁도 크게 다르지 않습니다. 부시가 국가·종교·이념·이해득실 중심의 관점에서 정의·자유·평화의 이름으로 판단하고 선택하는 것은 지혜라고 할 수 있습니다. 그 가치를 실현하기 위해 일으킨 전쟁은 자비 또는 사랑인 셈입니다. 그 과정과 결과는 무수한 상처와 죽임, 끝없는 분노와 증오와 복수를 확대시키고 있습니다. 진리에 근거하지 아니한 길 잃은 지혜와 자비, 구체적 사실과 진실에 근거하지 아니한 길 잃은 우리들의 사고와 언어와 신념과 행위들이 얼마나 심각한 문제인지 깨닫는 일이 절실합니다.

비폭력 불복종을 잘 보여주는 예는 사형 언도를 받고 십자가에 못 박히는 과정에 나타나 있는 예수의 마음가짐과 태도입니다. 죽음을 무릅쓰고 불의에 굴복하지 않고 의연히 마주합니다. 불의의 대상을 향해 분노하거나 증오하지 않으면서 흔들림 없이 진실과 사랑의 눈으로 바라보고 대합니다. 진실과 사랑의 실현을 위해 자신의 전 존재를 바칩니다. 진정한 비폭력 불복종의 모습이 잘 나타나 있습니다. 진실과 사랑이 없는 비폭력, 즉 길 잃은 비폭력은 나약하고 비겁하고 무력하며 또한 현실성이 없음을 분명하게 보아야 합니다. 진실과 사랑을 파괴하는 폭력 못지않게 길 잃은 비폭력도 위험한 함성이 있음을 명심해야 합니다. (251쪽의 폭력에 내한 질문과 대답을 함께 읽으면 도움이 될 것입니다.)

절명상 71

존재의 법칙에 따라 모든 생명을 우애로 감싸겠다고 하는 생명평화 서약을 마음에 새기며 절을 올립니다.

절명상 72

어떤 명분의 편견이나 차별도 없이 생명의 존엄성을 존중 보호하겠다고 다짐하며 절을 올립니다.

절명상 73

사람이 곧 하늘이라는 진리의 말씀에 따라 상대를 평화의 마음과 태도로 대할 것을 새기며 절을 올립니다.

절명상 74

생명의 법칙에 따라 상대를 모심과 섬김의 자세로 자신의 삶을 가꾸어 갈 것을 마음에 새기며 절을 올립니다.

절명상 75

일상적으로 상대를 이해·존중·배려하는 만큼 자기 삶이 빛나게 되는 진리를 마음에 새기며 절을 올립니다.

71번에서 75번까지는 생명평화 서약의 두 번째 단락입니다.

왜 모든 생명을 우애로 감싸야 하는가? 상호 의존성, 상호 변화성인 보편적 진리의 눈으로 보면, 이 세상 그 어디에도 내 생명과 무관한 것이 없습니다. 이 세상 그 무엇도 내 생명의 모체 아닌 것이 없습니다. 뭇 생명들이 서로가 서로에게 생명의 의지처요 모체로 존재하고 있습니다. 내 생명의 의지처인데 어찌 함부로 하겠습니까. 내 생명의 모체이므로 정성을 다하여 모셔야 마땅합니다. 내 생명의 동반자이므로 당연히 우애로 감싸야 옳습니다. 내 생명이 살고 싶은 평화의 삶은 진리의 눈으로 보고 진리의 길을 걸어야만 실현될 수 있다는 엄연한 사실을 깊이 새겨야 합니다.

왜 편견과 차별이 없어야 하는가? 진리에 어긋나고 삶을 왜곡시키고 모순과 혼란과 고통과 불행을 낳기 때문입니다. 편견이 만들어지고 차별을 하는 것은 진리를 알지 못한 결과입니다. 진리의 눈이 없기 때문입니다. 진리의 눈으로 보면 어떤 편견도 어떤 차별도 있을 수 없습니다.

예를 들어, 연꽃은 아름답다, 라고 믿고 좋아합니다. 늪은 더럽다, 라고 믿고 싫어합니다. 우리가 알고 믿는 것처럼 정말 연꽃은 아름답고 좋은 것이고, 늪은 더럽고 나쁜 것일까. 그렇지 않습니다. '아름답다, 더럽다'고 하는 것은 인간들의 필요와 분리된 사고에 의해 만들어진 관념일 뿐입니다. 인간 스스로 자기 필요와 분리된 사고로 만들어 낸 관념에 오염되어 '아름답다'는 좋다고 집착하고, '더럽다'는 싫다고 거부합니다. 여기에서 편견과 차별이 이루어지고 있습니다. 소위 자승자박입니다.

인위적 관념 이전의 연꽃과 늪의 실상에 '아름답다, 더럽다' 하는 불평등의 가치 판단은 본래 있지 않습니다. '아름답다, 더럽다'의 편견과 차별심은 인위적으로 조작해 낸 관념일 뿐입니다. 연꽃과 늪 그 자체 어디에서도 '아름답다, 더럽다'라는 분별과 차별을 찾을 수 없습니다. 실제 '아름답다, 더럽다'의 관념에 오염되기 이전의 연꽃과 늪은 본래무위요 청정한 존재입니다.

늪이 없는 연꽃은 존재할 수 없습니다. 연꽃 없는 늪은 죽은 늪입니다. 늪과 연꽃은 서로가 서로에게 의지처요 모체입니다. 어느 하나는 버리고, 어느 하나는 취하고 할 수가 없습니다. 어느 하나를 귀하게 여기고, 어느 하나를 천하게 여길 수가 없습니다. 연꽃과 늪의 문제처럼 진리의 눈으로 보고 진리의 정신으로 살아갈 때 모든 편견과 차별의 벽이 허물어집니다.

왜 생명의 존엄성을 존중해야 하는가? 진리의 길이기 때문입니다. 삶의 문제가 바람직하게 해결되기 때문입니다. 내 생명이 살고 싶은 생명평화의 삶이 이루어지기 때문입니다. 우리의 염원 - 우리의 꿈, 우리의 희망이 이 길을 통해서만 가능하기 때문입니다.

사람이 곧 하늘이라는 말이 있습니다. 이것은 동학의 가르침입니다. 주체적으로는 온 우주가 모두 함께하여 이루어진 원만구족한 존재임을 뜻합니다. 상대적으로는 그대가 지금 여기 내 생명을 존재하게 하는 귀하고 거룩한 존재임을 뜻합니다. 원만구족의 존재인 하늘 즉 내 생명을 존재하게 하는 거룩한 하느님인 상대를 평화의 마음과 태도로 대해야 합니다. 평화의 마음과 태도를 갖고 상대를 하느님으로 대하면 그 자신이 저절로 참된 의미의 하느님이 되는 것입니다.

왜 모심과 섬김의 삶을 살아야 하는가? 진리가 그러하기 때문입니다. 삶을 행복하게 하는 큰 길이기 때문입니다. 어째서 상대를 이해·존중·배려하는 만큼 자기 삶이 빛나게 되는가? 진리가 그러하기 때문입니다. 스스로 그렇게 살아가는 즉시 자기 삶이 저절로 빛나게 됨을 확인할 수 있습니다.

절 명상 76
대화와 경청의 자세를 갖겠다고 하는 생명평화 서약을 마음에 새기며 절을 올립니다.

절 명상 77
언제 어디에서나 모든 문제를 솔직 겸허한 대화로 다루어 갈 것을 다짐하며 절을 올립니다.

절 명상 78

상대의 개성을 존중함은 물론 표현의 자유와 문화의 다양성을 옹호할 것을 마음에 새기며 절을 올립니다.

절 명상 79

상대의 견해를 경청하지 않고 내 견해만 옳다고 생각하는 것이 폭력의 시작임을 생각하며 절을 올립니다.

76번에서 79번까지는 생명평화 서약의 세 번째 단락입니다.

왜 대화와 경청의 자세를 가져야 하는가? 진리는 언어로 드러나고 언어로 전달됩니다. 진리의 눈으로 보면 세상은 함께 어울려 살게 되어 있습니다. 사람들도 세상 이치대로 함께 어울려 살아야 합니다. 함께 살려면 서로 의사소통이 이루어져야 합니다. 의사소통이 이루어지려면 대화를 해야 합니다. 진실한 대화를 하지 않는 것은 참된 종교가 아닙니다. 진리의 세계에는 비밀이 없습니다. 투명하지 않은 진리는 진리가 아닙니다. 참된 종교이기 위해서는 반드시 허심탄회하게 대화해야 합니다. 진리를 올바르게 실천하는 길은 털끝만큼의 비밀도 없이 투명하게 하는 것입니다. 수행이란 정직, 성실에서 시작되고 끝난다는 사실을 명심해야 합니다. 정직, 성실이 빠진 종교나 수행은 위선이요 사기임을 직시해야 합니다.

대화란 서로의 뜻을 언어로 주고받는 것입니다. 참되고 바람직한 대화는 진리, 진실에 근거해야 합니다. 서로에 대한 신뢰와 애정이 있어야 합니다. 허심탄회해야 합니다. 진솔하고 성의가 있어야 합니다. 겸손하고 분명해야 합니다. 침착하고 부드러워야 합니다. 진지하게 경청해야 합니다. 경청이란 오롯한 마음과 태도로 귀 기울여 잘 듣는 일입니다. 자신을 온전히 비우는 일이며, 상대와 하나 되는 일이기도 합니다. 인간관계에 있어서 대화와 경청은 절대적으로 중요합니다. 대화를 제대로 하면 삶의 문제가 대부분 잘 풀리고 삶의 가치도 잘 가꾸어집니다. 대화와 경청은 삶을 참되게 가꾸어 가는 자기완성, 사회완성의 중요한 수행입니다. 불교 수행의 기본인 팔정도 안에 정어正語 수행이 들어 있는 까닭도 여기에 있습니다.

　　왜 그대의 개성을 존중해야 하는가? 그대가 나의 하느님인데 어찌 존중하지 않을 수 있겠습니까. 왜 표현의 자유와 다양성을 옹호해야 하는가? 진리가 자유입니다. 표현의 자유가 자연스럽게 인정되어야 합니다. 다양한 가치가 어울려 이 세상이 이루어지고, 다양한 문화가 어울려 우리 사회가 이루어집니다. 다양성은 곧 생명력입니다. 당연히 생태의 다양성, 문화의 다양성을 옹호해야 합니다. 건강한 삶, 건강한 사회, 희망찬 삶, 희망찬 사회는 개성이 존중되고 표현의 자유가 인정되고 생태의 다양성, 문화의 다양성이 살아 있을 때 가능함을 기억해야 합니다.

　　왜 상대의 견해를 경청하지 않으면 안 되는가? 상식에 어긋나기 때문입니다. 내 삶의 품격을 떨어뜨리기 때문입니다. 삶의 문제를 더 꼬이게 하기 때문입니다.

왜 내 견해만 옳다고 생각하면 안 되는가? 상식의 길이 아니요 몰상식한 일이기 때문입니다. 삶을 불행하게 하는 싸움을 불러오기 때문입니다. 너와 나의 관계를 더 꼬이게 만들기 때문입니다.

절명상 80

나눔을 적극적으로 실천하고 헌신의 삶을 살겠다고 하는 생명평화 서약을 마음에 새기며 절을 올립니다.

절명상 81

생명의 질서에 따라 알맞게 갖고 알맞게 쓰는 단순 소박한 삶이 영원한 참사람의 삶임을 확신하며 절을 올립니다.

절명상 82

현실적으로 자기에게 엄격하고 상대에게 관대한 삶을 살아갈 것을 다짐하며 절을 올립니다.

절명상 83

구체적으로 나의 삶터부터 생명평화의 마을로 가꾸어 갈 것을 다짐하며 절을 올립니다.

80번에서 83번까지는 생명평화 서약의 네 번째 단락입니다.

왜 나누어야 하는가? 진리의 길에 맞기 때문입니다. 삶을 편안하고 넉넉하게 하기 때문입니다. 모두가 행복해지는 길이기 때문입니다. 왜 헌신해야 하는가? 진리의 정신대로 자기를 비우는 일이기 때문입니다. 삶을 아름답고 충만하게 하기 때문입니다.

왜 단순 소박한 삶을 살아야 하는가? 진리에 일치하는 길이기 때문입니다. 인간적 품위가 빛나는 길이기 때문입니다. 인간적으로 가장 멋진 삶이기 때문입니다. 알맞게 갖고 쓰는 단순 소박한 삶이란 자연에 예의를 지킴으로써 자연에 부담을 주지 않고 자연과 잘 어울리는 삶입니다. 이웃에 예의를 지킴으로써 이웃에 부담을 주지 않고 이웃과 잘 어울리는 삶입니다. 스스로 인간적 예의를 지키고 인간적 품위를 유지하는 삶이 바로 알맞게 갖고 알맞게 쓰는 단순 소박한 참사람의 삶입니다.

예를 들어, 무더운 여름을 바람직하게 잘 지내기 위해서는 먼저 자연 현상인 여름 더위의 의미를 잘 알아야 합니다. 여름 더위가 없는 우리 생명의 삶은 불가능합니다. 여름 더위는 대단히 중요합니다. 없어선 안 되는 매우 고마운 존재입니다. 여름 더위는 부정하고 내칠 대상이 아닙니다. 오히려 잘 어울리고 시귀고 함께 해야 할 존재입니다. 여름 더위의 의미를 실상대로 잘 알고 그 실상대로 함께하려고 마음먹어야 합니다. 마음을 잘 먹으면 여름 더위에 대한 우리의 태도가 훨씬 긍정적으로 됩니다. 따라서 더위에 대한 부정적 생각이 줄어듭니다.

　　　다음은 공존과 균형이 필요합니다. 현대 사회에서 부채만으로 여름을 지내기에는 현실적으로 어려움이 많습니다. 반면 에어컨을 놓고 여름을 지내려고 할 경우 여러 가지 부담이 클 것입니다. 여기 방안의 사람들이 시원해지려면 그만큼의 열기를 밖으로 또는 누군가에게 내보내야 합니다. 나의 시원함을 위해 다른 사람에게 혼탁한 무더위를 떠넘기게 됩니다. 내 의도와는 관계없이 누군가를 괴롭히게 되는 것입니다. 인간적으로도 도덕적으로도 옳지 않고 바람직하지 않습니다. 그렇다면 어떻게 해야 하는가? 아마도 선풍기 정도면 괜찮을 것으로 여겨집니다. 상대에 대한 예의도 지키고 인간적인 품위도 유지하면서 잘 지낼 수 있지 않을까 싶습니다. 멋진 참사람의 삶이란 자연과 함께, 이웃과 함께, 상대와 함께 균형과 조화를 이루는, 잘 어울리는 삶임을 잊지 않았으면 합니다. (243쪽의 문명의 이기에 대한 질문과 대답을 참고하면 좋을 것입니다.)

　　　왜 자기에게 엄격해야 하는가? 진리를 실현하는 길이며 자기완성의 길이기 때문입니다. 자신을 속이고 자신에게 속는 일이 없도록 하기 위해서입니다. 자신을 속이지 않아야 상대를 속이지 않게 되고 자신에게 속지 않아야 상대에게 속지 않기 때문입니다. 삶의 문제를 바람직하고 효과적으로 다루어 가는 길이기 때문입니다. 왜 관대해야 하는가? 진리를 실현하는 길이며 자기완성의 길이기 때문입니다. 삶의 문제를 바람직하게 다루는 길이기 때문입니다. 현실적으로 진정한 화목과 평화를 일구어 내는 길이기 때문입니다.

　　　왜 나의 삶터부터 생명평화의 마을로 가꾸어야 하는가? 진리가 현장에 있기 때문입니다. 진리의 삶은 늘 지금 여기라는 현장에서 펼쳐집니다. 현장을 떠난 삶이란 말이 있을 뿐 실재하지 않습니다. 지금 여기 내가 평화롭지 않으면 부처의 평화는 부처의 평화일 뿐 내 평화가 되지 않습니다. 지금 여기 내 삶터에서 생명의 존엄성이 존중되고 삶이 평화롭지 않으면, 미국이나 천당에서 이루어지는 존엄성과 평화는 그곳의 것일 뿐 지금 여기 내 것이 되지 않습니다. 언제나 삶은 주체적으로 지금 여기라는 현장에서 시작되어야 하기 때문입니다.

절명상 84

현실적으로 모든 생명의 터전을 보존하겠다고 하는 생명평화 서약을 마음에 새기며 절을 올립니다.

절명상 85

일상적으로 나의 무절제한 의식주 생활이 생태계를 병들게 하는 일로 연결됨을 돌아보며 절을 올립니다.

절명상 86
농촌, 농업을 근본 가치로 삼고 살아가는 것이 나와 뭇 생명을 위하는 길임을 확신하며 절을 올립니다.

절명상 87
생태계를 보존하고 생명의 순환 질서를 지키는 일에 책임을 다하겠다고 다짐하며 절을 올립니다.

84번에서 87번까지는 생명평화 서약의 다섯 번째 단락입니다.
왜 생명의 터전을 보존해야 하는가? 진리를 현실에 실현하고자 함입니다. 생명평화의 삶이 현장에서 펼쳐지도록 하기 위함입니다. 왜 무절제하면 안 되는가? 진리에 어긋나기 때문입니다. 삶을 추하게 하고 병들게 하고 불행하게 하기 때문입니다. 자기완성, 사회완성에 백해무익하기 때문입니다.
왜 농촌, 농업을 근본 가치로 삼아야 하는가? 나의 생명, 너의 생명, 우리의 생명을 위해서입니다. 정치의 근본은 백성에 대한 연민이라고 합니다. 종교의 근본은 생명에 대한 연민에서 출발합니다. 백성에 대한 연민, 생명에 대한 연민은 농자천하지대본의 길을 걸을 때 푸르게 자라고 꽃으로 피어나기 때문입니다.
왜 생태계를 보존하고 생명의 순환 질서를 지켜야 하는가? 내가 살 길, 네가 살 길, 진리의 정신으로 너를 사랑하고 나를 사랑하고 세상을 사랑하는 길이기 때문입니다.

절 명상 88

한반도의 평화를 실현하기 위해 적극적으로 역할을 하겠다고 하는 생명평화 서약을 마음에 새기며 절을 올립니다.

절 명상 89

평화는 진실과 사랑의 길인 비폭력 불복종 행동으로 이루어지는 것임을 마음에 새기며 절을 올립니다.

절 명상 90

한반도의 전쟁을 방지하고 이 땅의 평화를 위해 비폭력 실천으로 앞장설 것을 다짐하며 절을 올립니다.

절 명상 91

삶을 불행하게 하는 어떤 권위·제도·관습·억압도 비폭력 불복종으로 극복해 갈 것을 다짐하며 절을 올립니다.

88번에서 91번까지는 생명평화 서약의 여섯 번째 단락입니다.
  왜 한반도의 평화를 위해 적극적으로 역할을 해야 하는가?

지금 여기 진리의 하느님, 본래부처인 나에게 주어진 책무이기 때문입니다. 진리의 하느님, 본래부처의 삶을 한반도에 실현하는 길이기 때문입니다. 살길이 그 길밖에 없기 때문입니다.

왜 비폭력 불복종 행동을 해야 하는가? 진리에 합당한 길을 가고자 함입니다. 인간의 존엄성을 지키기 위함입니다. 문제를 바람직하게 해결하는 길이기 때문입니다. 나를 구원하고 너를 구원하고 세상을 구원하는 길이기 때문입니다.

왜 한반도의 전쟁을 막고 평화를 실현해야 하는가? 나와 너, 우리가 사는 길이기 때문입니다. 생명평화의 삶은 반드시 실현되어야 할 뭇 생명의 염원인 궁극적 이상과 가치이기 때문입니다.

왜 왜곡된 권위·제도·관습·억압을 비폭력 불복종으로 극복해야 하는가? 진리에 어긋나는 길이기 때문입니다. 삶을 불행하게 하기 때문입니다. 뭇 생명의 바람을 짓밟기 때문입니다. 자기완성, 사회완성을 방해하기 때문입니다.

절명상 92

끊임없이 깨어 공부하고 수행하겠다고 하는 생명평화 서약을 마음에 새기며 절을 올립니다.

절 명상 93

항상 역사의 진실을 기억하지만 언제나 역사로부터 자유로워질 것을 마음에 새기며 절을 올립니다.

절 명상 94

비폭력적인 몸짓, 말 한 마디, 마음씀 하나하나가 생명평화를 이루는 큰 걸음임을 생각하며 절을 올립니다.

절 명상 95

자신을 낮추고 비우고 나누는 진리의 삶이 자신의 정체성에 충실한 삶임을 새기며 절을 올립니다.

절 명상 96

상대를 이해·존중·배려하는 진리의 삶이 내 생명의 정체성에 충실한 삶임을 새기며 절을 올립니다.

92번에서 96번까지는 생명평화 서약의 일곱 번째 단락입니다.
　　왜 끊임없이 깨어 공부하고 수행해야 하는가? 진리에 대한 무지를 타파하는 길이요, 집착의 굴레를 벗는 일이기 때문입니다. 삶의 문제를 잘 가꾸어 가는 길이요, 뭇 생명의 염원인 생명평화를 이루는 길이기 때문입니다.

왜 역사의 진실을 기억해야 하는가? 역사의 비극을 되풀이하지 않는 길이 그 길이기 때문입니다. 왜 역사로부터 자유로워져야 하는가? 진리가 자유이기 때문입니다. 상처를 치유하고 새로운 역사를 창조하는 길이기 때문입니다. 나의 바람, 너의 바람, 우리의 바람을 실현하는 길이기 때문입니다.

왜 마음씀, 말 한 마디, 몸짓 하나하나를 비폭력으로 해야 하는가? 진리의 하느님, 본래부처답게 존재하는 길이요, 파사현정의 길이 그 길이기 때문입니다. 내 생명의 바람, 뭇 생명의 바람인 생명평화의 삶을 실현하는 길이기 때문입니다.

왜 자기 정체성에 충실한 삶을 살아야 하는가? 자리이타 즉 자기를 사랑하고 상대를 사랑하는 길이기 때문입니다. 자신을 빛나게 하고 상대를 빛나게 하는 길이기 때문입니다. 나의 간절한 바람, 뭇 생명의 간절한 바람인 행복한 삶을 실현하는 길이기 때문입니다.

왜 생명의 정체성에 충실해야 하는가? 자리이타 즉 너를 사랑하고 나를 사랑하는 길이기 때문입니다. 너를 빛나게 하고 나를 빛나게 하는 길이기 때문입니다. 화목하고 평화로운 삶, 화목하고 평화로운 세상을 만드는 길이기 때문입니다.

절명상 **97**

지금 여기 나 스스로 생명평화의 등불임을 선언하는 생명평화 서약

을 마음에 새기며 절을 올립니다.

절명상 98

지금 여기 내가 밝힌 생명평화의 등불이 이웃과 사회를 밝히는 등불로 빛나기를 발원하며 절을 올립니다.

절명상 99

모두가 등불이 되어 서로를 비춤으로써 온 누리가 생명평화의 세상이 되기를 발원하며 절을 올립니다.

절명상 100

내가 밝힌 생명평화의 등불로 온 누리의 생명들이 진정으로 평화롭고 행복하기를 발원하며 절을 올립니다.

97번에서 100번까지는 생명평화 서약의 마지막인 여덟 번째 단락입니다.

왜 생명평화의 등불임을 선언해야 하는가? 진리에 합당한 길이며 자기 정체성에 충실한 삶이기 때문입니다. 수행의 생활화, 생활의 수행화로 가는 길이기 때문입니다.

왜 이웃과 사회를 밝혀야 하는가? 자기 존재 가치를 밝히고 빛나게 하는 일이기 때문입니다. 진리의 명령에 따라 뭇 생명의 바람에 응답하는 일이기 때문입니다. 자기완성, 사회완성으로 나아가는 진리의 길이기 때문입니다.

왜 등불이 되어 서로를 비추어야 하는가? 진리에 합당한 존재 방식이기 때문입니다. 자신을 빛나게 하고 상대를 빛나게 하는 일이기 때문입니다. 진리의 길인 인드라망 세계관과 철학을 실현하는 길이기 때문입니다.

왜 생명평화의 세상이 되기를 발원해야 하는가? 진리를 자신의 삶으로 실현하는 길이기 때문입니다. 진리의 정신으로 뭇 생명의 원초적 염원에 응답하는 일이기 때문입니다.

왜 생명들이 평화롭고 행복하기를 발원해야 하는가? 나의 존재 이유이며 나의 사회적 역할이기 때문입니다. 내 생명의 평화와 행복을 완성시키는 일이기 때문입니다.

진리의 정신을 주체적으로 실천하면 그 자체가 바로 진리의 하느님, 본래부처의 삶이 되는 것입니다. 나의 염원, 뭇 생명의 염원인 자기완성, 사회완성의 삶이 온전하게 실현되는 것입니다. 우리들의 희망이 진리의 길을 따라 당당하게 걸어가는 데 있음을 잊지 않아야 합니다. 생명평화의 등불임을 선언하고 이웃과 사회를 밝히는 일에 헌신하고 온 누리가 생명평화의 세상이 되기를, 뭇 생명이 진정으로 평화롭고 행복하기를 발원하는 삶이 바로 우리 모두의 희망을 빛나게 하는 삶임을 확신해야 합니다.

04

질문과.
답.

● 간디에 대한 말씀을 자주 하시는데, 인도 사회는 불평등 계급 사회로 알고 있습니다. 그런데 간디는 비폭력을 이야기하면서도 불평등 계급을 인정하는 것 같았습니다.

● 그렇지 않습니다. 간디는 불가촉천민의 문제를 해결하기 위하여 목숨 걸고 싸웠습니다. 우리들은 너나없이 문제를 해결하기 위해서는 싸워야 된다고 믿습니다. 그런 관점에서 보면 역사상 최고의 싸움꾼은 간디라고 봅니다. 간디처럼 인도가 가진 모순과 불평등을 극복하고 해결하기 위해 일생동안 치열하게 싸운 인물을 찾아보기 어렵습니다. 간디는 싸움의 일환으로 인도 사회가 안고 있는 문제를 해결하기 위한 대안으로 아쉬람을 만들었습니다.

인도에서는 불가촉천민을 보기만 해도 오염된다고 믿습니다. 길을 가다가 불가촉천민을 보게 되면 그로 인하여 오염되었다고 믿기 때문에 다시 집으로 돌아와 물로 눈을 씻는다고 합니다. 그뿐만 아니라 심할 경우엔 전혀 의도적이지 않고 우발적인데도 불구하고 자기를 오염시켰다고 하며 불가촉천민을 구타한다고 합니다. 사람 취급을 하지 않는 것입니다.

그런데 간디는 불가촉천민을 아쉬람 식구로 받아들여 함께 생활합니다. 진리에 어긋나는 비인간적인 기존의 인도 사회 체제의 근간을 부정한 것입니다. 근본을 바꾸려는 혁명을 선언한 것입니다. 그러자 공동체를 후원하던 사람들이 지원을 끊습니다. 공동체가 문을 닫을 수밖에 없는 상황으로 몰립니다. 그러나 간디는 물러서거나 타협하지 않고 그대로 밀고 나갑니다. 현실적으로 만약에 우리 실상사 공동체가 문을 닫는 상황이 와도 그럴 수 있을지, 솔직히 전 자신이 없습니다.

여러 각도에서 관찰할 때 모순과 한계가 없지 않지만 그럼에도 불구하고 불평등계급의 문제를 해결하기 위해 간디처럼 치열하게 살아간 사람은 매우 드뭅니다. 당신이 믿는 진리의 길에 목숨을 걸고 살아갔습니다. 불평등을 뜻하는 불가촉천민이 있는 것 자체가 진리의 정신에 어긋나는 것이다, 나아가 불가촉천민만 불행하게 하는 것이 아니라 우리 스스로 비인간적인 사람으로 전락시키는 것이기도 하다, 즉 인간 취급을 못 받는 사람도 불행하지만 인간을 함부로 취급하는 그 사람도 몹쓸 인간이라는 것입니다. 불평등 문제는 진리의 정신에 위배되기도 하지만 우리 모두의 삶을 피폐하게 만들기도 합니다.

간디는 인간 사회에 불평등 계급제도가 있다는 것은 문명사회의 부끄럽고 수치스러운 일이므로 반드시 바로잡아야 된다는 신념으로 당신이 할 수 있는 모든 일을 다했습니다. 어마어마한 노력을 기울여 만들어 가고 있는 공동체가 문을 닫는 상황이 왔을 때도 물러서거나 타협하지 않았습니다. 만약에 지원이 끊겨 먹고사는 일이 불가능하게 되면 우리끼리 농사지어서 자급자족하자고 전 식구들이 비상한 결의로 대책을 세우기도 했습니다. 그 안에서 농사도 짓고 신문도 만들며 온갖 일들을 다했습니다. 아쉬람 문제는 단순하게 식구들이 먹고 사느냐 못 사느냐 하는 정도의 문제로 끝나는 일이 아니었습니다. 바람직한 인도 독립운동의 오늘과 미래가 걸려 있는 일인데도 양보하거나 타협하지 않고 명분과 원칙을 지켜갔습니다. 물론 이런저런 논란의 여지가 없지 않습니다. 하지만 그 내용을 알고 보면 불평등 문제를 해결하기 위해 당신의 삶 모두를 바쳤다는 사실에 대해서는 의심의 여지가 없습니다.

● 더 큰 불행을 막기 위해 폭력을 써도 괜찮을까요?
● 폭력을 판단하는 척도는 진실과 사랑입니다. 진실과 사랑의 행위는 크게 두 가지로 이야기될 수 있습니다. 하나는 모성애적이고 다른 하나는 부성애적입니다. 모성애는 부드러움과 따뜻함으로, 부성애는 냉철함과 위엄으로 특징됩니다. 밖으로 나타나는 현상은 다르지만 그 근본에는 진실과 사랑이 자리하고 있습니다. 더 큰 불행을 막아내기 위해 불가피하게 폭력이 필요하다면 부성애 또는 사랑의 매이어야 하겠지요. 그렇다 하더라도 최후의 선택이어야 하고 참으로 적절해야 합니다.

● 만약에 스님이 인도에 계시다면 삶의 현장에서 일어나는 모든 문제를 비폭력으로 다룰 수 있겠습니까?

● 그럴 수 있었으면 좋겠습니다. 그런데 제 실력으로 실제 상황에서 그럴 수 있을지는 솔직히 장담할 수 없습니다. 다만 옳고 바람직한 방향으로 나가도록 최선을 다해 노력할 뿐입니다. 이 문제는 215쪽의 절 명상 67번과 68번에서 길게 다루었습니다. 참고했으면 합니다.

● 진리가 곧 정의라고 할 수 있습니까?

● 부처님이 깨달은 내용을 다르마Dharma라고 했습니다. 다르마를 번역해서 법, 진리, 정의라고 했습니다. 진리가 곧 정의라고 할 때는 일반적으로 생각하는 정의, 불의 할 때의 정의를 넘어 보다 더 근원적이고 본질적인 의미를 갖고 있습니다. 법, 진리와 같은 의미의 다른 이름으로 정의라고 한다면 진리가 곧 정의라고 해도 무방하다고 할 수 있습니다.

● 에어컨, 자동차 등 인간의 편리를 위해 만들어 낸 도구들이 인간 자신과 자연에게 많은 부담을 주고 있습니다. 의식주 전반의 문제들도 마찬가지입니다. 문명의 이기를 사용함에 있어 어디까지를 적절하다고 할 수 있을까요?

● 앞에서 진리의 문제를 다룰 때 상대 진리와 절대 진리의 불일불이不一不二함에 대해 이야기했습니다. 절대 진리가 무위자연이라면 상대 진리는 인위 조작인데 서로 불일불이 즉 균형과 조화의 관계라는 것입니다. 그렇기 때문에 언제 어디서나 불일불이의 관점에서 삶을 바라보고 다루어야 합니다.

동물들도 살기 위해 나무를 꺾고 다른 생명들을 잡아먹기도 합니다. 마치 사람들이 집짓고 농사짓는 것처럼. 하지만 동물들은 생존 욕구가 충족되면 그것으로 충분한 반면 사람들은 이기적 욕망을 쫓아 끝없이 질주하며 그 한계가 없습니다. 맹목적으로 생존을 넘어 이기적 욕망을 충족시키려고 하기 때문에 지금과 같은 부작용과 위험을 낳게 되는 것입니다. 인위와 무위의 균형과 조화가 깨지면서 생태 위기, 생명 위기, 평화 위기의 상황을 자초하게 된 것입니다. 현대 문명의 현주소입니다. 그럼 어떻게 해야 할까요.

첫째, 지금 여기에서 세계, 사회, 자신의 실상에 대해 잘 알아야 합니다. 즉 존재의 실상이 불일불이함을 명확하게 터득해야 합니다.

둘째, 불일불이의 실상에 맞게 균형과 조화를 이루는 삶을 가꾸어야 합니다. 즉 주체적으로 진리의 정신에 따라 적정 상태를 유지하는 삶을 살아야 합니다. 그러기 위해 생존 욕구와 이기적 욕망이 서로 다름을 알고 분리시켜 다루어야 합니다. 본질적 속성상 생존 욕구는 충족되지만 이기적 욕망은 영원히 충족될 수 없습니다. 생존 욕구는 이만 하면 됐어, 하고 만족스러운 상태가 있지만 감각적 욕망은 만족스러운 상태가 없습니다. 그러므로 생존 욕구가 충족되는 것을 기본으로 전제하고 이기적 욕망을 끊임없이 불일불이의 진리에 맞게 절제하고 조절해야 합니다. 정화시키고 승화시켜야 합니다. 그리하여 균형과 조화를 이루어야 합니다.

셋째, 진리를 알고 진리에 맞게 인간적 예의와 품위를 지키고 유지해야 합니다. 즉 자연에 대해, 이웃에 대해, 상대에 대해 부담되지 않도록 스스로 예의와 품위를 지키는 삶을 살아야 합니다.

예를 들어, 기본적인 생존 조건으로 볼 때 한 사람에게 필요한 주거 공간은 4~5평 정도면 되지 않을까 싶습니다. 그 외의 필요한 부분은 공동으로 쓰는 방식을 찾으면 효과적일 것입니다. 그런데 우리 현실은 생존에 위협을 받는 것도 아닌데 자기 욕심껏 쓰고 있습니다. 혹 본인의 능력으로 백 평을 쓸 수 있다고 하더라도 생명의 세계관, 진리의 정신에 따라 주체적으로 조절하여 5평 정도만 사용해야 합니다. 그 외에는 함께 쓸 수 있도록 하면 훨씬 바람직할 것입니다. 그렇게 할 때 우리 모두는 인간다워지고 품위 있어집니다. 물론 딱 부러지게 이만큼이다 하고 정하기는 어렵습니다. 기본적으로 상황에 따라 절충과 조절이 필요하겠습니다만, 최하한선과 상한선을 정하는 것도 좋을 듯합니다. 하한선은 5평, 상한선은 10평, 이런 식으로 함께 만들어 가면 좋겠습니다.

그런 의미에서 무아철학이 중요하다는 생각이 듭니다. 우리는 끊임없이 더 큰 것, 더 많은 것, 더 좋은 것을 추구하고 있는데 그보다는 너무 작음, 너무 적음, 너무 나쁨이 없는 상태로 만들어 가야 한다고 봅니다. 산내를 예로 들어, 산내면 안에서는 나보다 더 가난한 사람, 우리 집보다 더 작은 집, 우리 마을보다 더 열악한 마을이 없도록 할 때 우리 삶과 사회 수준이 전체적으로 질적 향상이 이루어질 것입니다. 진정한 화목과 평화가 가득한 삶과 사회가 가능할 것입니다. 자타自他 불일불이, 인위무위의 불일불이의 삶과 사회를 모색할 때 비로소 우리의 희망이 실현될 것으로 여겨집니다. 227쪽의 절 명상 81번의 설명을 참고하면 도움이 될 것입니다.

- **꿈과 이상을 실현하려면 어떻게 해야 할까요?**
- 실제 우리는 일생동안 백 년도 채 못 사는데 마치 천년만년을 살 것처럼 근심걱정을 하고 대책을 세운다고 허겁지겁합니다. 관념적 환상을 좇고 있는 것입니다. 그런 허망한 꿈을 좇는 삶을 불교에서는 전도몽상의 삶이라고 하여 하루빨리 아니 당장 깨어나라고 합니다. 허망한 꿈에서 깨어나는 것이 꿈과 이상을 실현하는 길이라고 강조합니다. 달리 말하면 달관과 자족의 삶이 바로 꿈과 이상을 실현하는 삶입니다. 진정한 의미에서 꿈과 이상의 실현은 진리의 정신에 입각한 서원과 실천을 통할 때 비로소 가능하다고 할 수 있습니다.

● 서원과 욕심을 어떻게 구분할 수 있을까요?

● 진리의 정신에 따라 살아가려는 의지와 각오가 서원입니다. 자기중심의 이기심으로 살아가려는 의지와 각오가 욕심입니다. 무아의 정신으로 이웃과 함께 살아가려는 의지와 각오가 서원입니다. 자아의식에 입각하여 자기만의 이익을 추구하려는 의지와 각오가 욕심입니다. 89쪽의 '서원에 대한 이야기'를 참고하면 도움이 될 것입니다.

● 세상의 평화를 위해, 자신의 평화를 위해 무엇을 어떻게 해야 할까요? 평화를 위한 구체적 조건은 무엇인가요? 백대서원 절 명상을 하면 평화가 실현될까요?

● 일상적으로 백대서원 내용에 따라 사고하고 말하고 행동하면 노력한 만큼 평화로운 삶이 가꾸어집니다. 이것은 의심의 여지가 없습니다. 생명평화 백대서원 절 명상의 76쪽 '생명에 대한 이야기'와 81쪽 '평화에 대한 이야기'에서 좀 더 구체적으로 설명해 놓았습니다.

● 언어를 사용하는 데 사람마다 다른 것 같습니다. 도법 스님의 말씀은 아주 논리적입니다. 어려운 문제도 쉽게 이야기합니다. 그러

면서도 중요한 핵심을 놓치지 않고 명확하게 전달합니다. 그것은 훈련된 것입니까?

● 물론 학습과 연마가 필요합니다. 학습과 연마를 통해 스스로 방법을 찾아내는 것이 좋습니다. 하지만 무엇보다도 중요한 것은 사실과 진실입니다. 사실과 진실에 입각한 언어는 힘이 있습니다. 언어를 다루는 데 가장 중요하게 요구되는 것은 방법과 기술 이전에 사실과 진실에 입각한 정직과 성실함입니다. 듣고 배운 지식과 언어를 앵무새처럼 되뇌는 것이 아니고 현실에서 구체적으로 실천하고 경험한 자기 삶의 사실과 진실을 사실대로 정직 성실하게 말하면 그 말이 참되고 명쾌합니다. 백대서원 내용에 "언어에 속거나 구속되지 않을 때 생명평화의 길이 열리게 된다."는 내용이 있습니다. 언어가 혼란스러우면 삶도 혼란스럽고 언어가 타락하면 삶도 타락합니다.

현대 사회는 지식의 혼란, 지식의 타락, 언어의 혼란, 언어의 타락이 심각한 문제입니다. 언어와 지식의 혼란이란 사실과 진실에 근거하지 않고 언어와 지식을 사용하기 때문에 생기는 것입니다. 언어와 지식의 타락이란 자신의 지식과 언어에 대한 책임을 지지 않기 때문에 야기되는 것입니다. 날마다 평화라는 말을 하는데 평화의 삶이 없습니다. 평화의 삶을 가꾸지 않으면서도 평화를 이야기합니다. 자신의 지식과 말에 대해 책임지지 않습니다. 이것이 바로 지식과 말의 타락입니다. 삶의 실상에 근거하지 않으므로 지식과 언어가 참되지 않습니다. 참되지 않은 언어와 지식이 넘쳐 나고 있습니다. 현대 사회의 큰 문제입니다.

그럼 참된 지식과 언어란 무엇이며 언어와 지식을 참되게 함이란 어떤 것일까. "진리를 말씀하는 자, 진리에 맞게 말씀하는 자, 진리와 다르지 않게 말씀하는 자, 진실과 사실에 근거하여 허망하지 않게 말씀하는 자." 언어와 관련하여 부처님을 설명한 내용입니다. 언어가 얼마나 중요한가를 잘 보여주고 있습니다. 항상 본인이 알고 말하는 것을 직접 실천하고 생활해야 합니다. 내가 행동한 만큼 말하고 말한 대로 행동해야 한다는 것입니다. 아는 것과 행동하는 것, 말하는 것과 실천하는 것이 일치될 때 언어는 생명력을 갖게 되고 사람을 움직이는 힘이 나오게 됩니다.

그런데 지금 우리들은 본인이 직접 알고 말한 대로 실천하지 않습니다. 본인이 직접 실천하고 경험한 것이 아닌데도 누구에게 들은 것, 책에서 본 것을 마치 자기 것인 양 사실처럼 이야기합니다. 그러므로 그럴듯한 말, 화려한 말은 넘쳐나는데 말과 일치하는 멋진 삶은 보이지 않습니다. 최근 서울에서 "기업자천하지대본"이라는 현수막을 보았습니다. 사실과 진실에 근거하지 않은 무지막지한 말로서 타락한 언어의 극치가 어떤 것인가를 잘 보여주고 있습니다. 말이라고 다 말이 아닙니다. "기업자천하지대본"이라는 말은 세상 이치에 맞지 않습니다. 그 말에 사실과 진실이 담겨 있지 않습니다. 그 말을 진실인 것으로 안다면 그 지식은 왜곡된 지식입니다. 그 말을 사실대로 믿는다면 그야말로 말에 속고 말의 노예가 되는 것입니다. 진실과 사실에 근거하지 않은 말은 거짓이요 말장난에 지나지 않습니다. 자신을 속이고 세상을 속이는 사기꾼의 말입니다.

반면 "농자천하지대본"이라는 말은 세상 이치에 맞습니다. 사실과 진실이 담겨 있습니다. 그 말을 제대로 알면 그 지식은 참된 지식입니다. 그 말을 사실대로 믿고 말하면 자신을 깨우치고 세상을 깨우칩니다. 하지만 "농자천하지대본"의 삶을 살지 않으면서 그 말을 하는 것은 말이 참되지 않은 것입니다. "농자천하지대본"이라고 말하면서 그 삶을 살지 않는 것은 지식과 말에 대한 불성실, 무책임함입니다.

또 "뜻, 내용에 의지하고 말에 의지하지 말라."는 말이 있습니다. 표현되는 언어가 아무리 똑같고 화려해도 진실과 사실의 내용이 없으면 오히려 그 언어가 삶을 혼란스럽게 하고 왜곡되게 합니다. 말과 지식이 독이 되는 것입니다. 언어의 혼란과 타락, 지식의 혼란과 타락에 대한 뼈아픈 성찰과 각성이 요구됩니다.

● 스님께서는 탁발 순례를 하면서 여러 부류의 사람을 만났을 것입니다. 똑같이 하나의 현상을 보고도 사람마다 인식의 차이가 있음도 보았을 줄로 압니다. 왜 그럴까요? 혹 윤회와 관계가 있습니까?

● 인식의 차이가 생기는 문제는 매우 복잡합니다. 윤회의 문제와 관계가 있다고도 할 수 있고 관계가 없다고도 할 수 있습니다. 놓치지 않고 붙잡아야 할 것은 관계가 있는지 없는지가 아니고 문제를 누가 어떻게 풀어낼 것인가 하는 일입니다. 그런 의미에서 볼 때 중요한 것은 지금 여기에서 주체적인 진리의 눈으로 문제의 실상을 제대로 보느냐 보지 못하느냐의 문제입니다. 지금 여기에서 주체적으로 진리의 정신에 따라 삶의 문제를 공평무사하게 사실대로 잘 다루느냐 그렇지 않느냐의 문제입니다.

여기 한 송이 꽃이 있습니다. 꽃을 본 사람들이 각기 다르게 이야기합니다. 그 이유는 간단합니다. 꽃 자체를 꽃의 입장에서 사실대로 보고 사실대로 말하는 것이 아니라 자기 색안경을 쓰고 주관적으로 보고 느끼는 대로 말하기 때문입니다. 꽃의 실상을 사실대로 보고 말하지 않고 자신의 감정에 따라 느낀 대로 말합니다. 삶의 문제를 다룸에 있어서도 사실대로 보고 말하지 않고 자기 주관으로 보고 느낀 것을 말하게 되면 내용이 왜곡됨은 물론 서로간의 모순과 혼란, 갈등과 불신을 낳게 됩니다.

● '폭력'은 우리 사회에 만연해 있는 현상이라고 볼 수 있습니다. 학교 현장이나 사회와 가정에서 '사랑의 매'라는 이름으로 아이들이나 학생들을 대할 수도 있습니다. '사랑의 매'는 사랑의 또 다른

이름으로 볼 수 있을까요? 또는 폭력을 다르게 미화하는 수단이 될 수 있지 않을까요? 폭력과 매를 생명평화의 관점에서 어떻게 봐야 할까요?

● 　불교에서는 자비를 두 가지로 이야기합니다. 절복折伏과 섭수攝受입니다. 절복은 꺾을 절 조복할 복입니다. 타의에 의해 본인의 의지와 입장이 꺾임과 동시에 상대의 요구 또는 권위에 복종하게 하는 것을 절복이라고 합니다. 냉철함, 단호함으로 매를 통해서 버릇을 고치게 하고 인생에 눈뜨게 하는 것을 절복이라고 합니다. 절복은 부성애에 해당합니다. 계절로 보면 가을 겨울에 해당합니다.

　　　섭수는 포섭할 섭 받을 수입니다. 따뜻함, 부드러움, 품어 안음 등으로 나타납니다. 모성애와 같습니다. 계절로는 봄 여름에 해당합니다. 한 그루의 생명나무가 건강하게 자라려면 봄 여름 가을 겨울이 늘 균형 있고 조화롭게 진행되어야 합니다. 자비, 사랑을 무조건 따뜻한 것, 부드러운 것, 품어 안는 것으로만 규정하면 자비와 사랑의 진정한 의미를 놓치게 됩니다. 지혜가 없는 자비는 절름발이 자비입니다. 문제는 절복과 섭수를 적절하게 하는가 안 하는가에 있습니다.

　　　보통 사랑의 매라는 말을 합니다. 사랑이나 자비가 부드러운 것, 품어 안는 것만을 뜻한다면 사랑의 매라는 말은 맞지 않습니다. 아이들을 키우는 데는 쓴맛과 단맛을 다 필요로 합니다. 우리 사회가 아이들에게 단맛만을 주려고 하니까 문제가 생기는 것입니다. 매와 폭력은 다릅니다. 매는 단호함에 해당합니다. 한 생명이 자라는 데 가을과 겨울이 필요하듯이 인생살이에 쓴맛 단맛이 모두 중요합니다. 물론 적재적소에 적용하지 못하거나 악용되는 것은 주의해야 합니다. 얼마나 진실과 사랑의 행위로 실천하는가 또는 적절하게 하는가의 문제입니다. 꼭 필요할 때에는 권위나 냉철함 등을 통해 인생에 눈을 뜨게 하는 것이 자비입니다. 마치 어머니가 아이를 끌어안는 것 못지않게 더 지극한 마음이 있기 때문에 매를 쓰는 격입니다. 적어도 부성애는 그런 의미입니다.

품어 안는 것만 지극한 사랑이라고 하는 것은 문제가 있습니다. 강한 것도 있고 부드러운 것도 있고, 따뜻함도 있고 냉철함도 있고, 전인적으로 균형 있게 다루어져야 합니다. 요즘 아이들을 보면 너무 무력하고 나약합니다. 충분히 견디고 기다릴 만한 것도 견디거나 기다리지 못합니다. 마음을 내면 얼마든지 스스로 할 수 있는 것도 기계에 의지하거나 맡겨 버립니다. 폭력에 길들여지는 것도 병이지만 기다리고 인내하지 못하는 것, 부모나 기계에 의지하거나 맡겨 버리는 것도 큰 병입니다.

매를 대지 않고 아이를 잘 키우는 부모가 있습니다. 매로 때리면서 아이를 잘 키우는 부모도 있습니다. 매를 맞고 자랐지만 부모와 신뢰가 있는 사람도 있습니다. 부모가 때린다고 다 매가 아닙니다. 매를 쓰는 사람은 지혜와 자비가 있어야 합니다. 매가 이 아이한테 꼭 필요할 때에만 써야 합니다. 슬기롭게 접근하면 매를 들 일이 많지 않을 것입니다.

우리가 반전 평화를 외칩니다. 반전 평화를 외치는 사람들의 실제 삶은 평화로울까요? 장담할 수는 없지만 일상에서 삶의 문제를 평화롭게 다루고 평화의 삶이 생활화된 사람은 많지 않을 것입니다. 일상의 삶을 평화적으로 다루는 풍토를 가꾸어야 합니다.

생명평화 백대서원에 이런 내용이 있습니다. "어떤 명분으로도 심리·언어·육체·성·물리·사회적인 폭력을 사용하지 않겠다." 미워하는 것도 폭력성입니다. 폭언하는 것, 경제적으로 사람의 인격을 무시하는 것, 사람을 비굴하게 만드는 것, 이런 것이 다 폭력입니다. 사람에 대한 신뢰와 애정이 없이 한다면 어떤 것도 폭력 아닌 것이 없습니다. 실제 남몰래 심리적으로 누군가를 계속 부당하게 미워하는 것은 차라리 노골적으로 한 주먹 때리는 것보다 훨씬 더 사람을 고통스럽게 할 수 있습니다. 사람을 고통스럽게 하는 것, 불행하게 하는 모든 것들이 다 폭력성입니다. 달리 표현하면 인간의 존엄을 함부로 하는 모든 행위들이 다 폭력성입니다. 215쪽의 절 명상 67번을 함께 읽으면 좋을 것입니다.

● 수행이란 심사숙고해야 하지만 사실 실천하지 않으면 소용이 없습니다. 실천과 체험에 대해 말씀해 주십시오.

● 　불교의 실천론은 팔정도인데 심사숙고도 실천의 하나입니다. 팔정도를 정리하면 마음의 실천, 언어의 실천, 몸의 실천이 됩니다. 즉 삼업수행, 삼업실천입니다. 사실 삶이란 끊임없는 실천과 체험의 연속입니다. 현실적으로 자기 삶의 실상을 면밀하게 관찰하지 않기 때문에 그때그때 실천되고 체험되는 내용을 잘 알지 못할 따름입니다. 근본적으로 중요한 것은 법, 진리에 입각한 올바른 방향과 길에서 실천하고 체험하는지의 여부에 따라 그 결과가 하늘과 땅만큼 다르게 나타난다는 사실입니다.

　　진리에 대한 무지와 미혹에 따라 실천하고 체험하면 문제가 반복 확대 재생산되는 중생살이가 되풀이됩니다. 진리에 대한 이해와 믿음으로 실천하고 체험하면 문제가 근본적으로 해결되는 깨달음, 해탈의 삶이 이루어집니다. 세상 이치로 볼 때 어떤 형태로든지 실천한 만큼 바로바로 체험하게 되어 있습니다. 주의를 기울여 정밀하게 관찰해 보면 지금 여기에서 누구나 알 수 있습니다.

　　예를 들어, 마음으로 성적 대상을 생각하다가 바꾸어서 부처님을 생각했습니다. 부처님으로 생각을 바꾸는 순간 바로 성적 대상에 대한 생각이 사라집니다. 즉시 사고의 실천과 체험이 이루어지고 있는 것입니다. 입으로 누군가를 향해 폭언을 하다가 바꾸어서 부드럽게 말을 했습니다. 점잖은 말로 바꾸는 순간 즉시 욕설은 사라집니다. 그대로 입의 실천과 체험, 언어의 실천과 체험이 이루어지고 있는 것입니다.

몸으로 야만스럽게 누군가를 괴롭히다가 바꾸어서 품위 있게 행동했습니다. 품위 있게 행동하는 순간 털끝만큼의 간격도 없이 바로 야만스러움이 사라집니다. 그대로 몸의 실천과 체험입니다. 어느 하나도 실천과 체험 아닌 것이 없습니다. 모든 순간순간마다 실천과 체험이 이루어지고 있는 것입니다.

수행은 특별한 것이 아닙니다. 대단하게 어려운 것도 아닙니다. 일상적으로 진리의 정신에 입각하여 사고의 습관을 바꾸고 언어의 습관을 바꾸고 몸의 습관을 바꾸는 것이 수행의 전부입니다. 그 이상도 그 이하도 아닙니다. 누구나 할 수 있는 것이 수행이고 어디에서도 가능한 것이 수행입니다. 아니 오히려 범속한 일상생활 현장에서 실천되는 수행이야말로 참된 수행이요, 바람직한 수행입니다. 명심할 것은 법, 진리(세상 이치)에 대한 바른 이해와 믿음이요, 삶의 실상을 성실하게 성찰하는 일입니다. 법에 대한 이해와 믿음이 있으면 방향과 길을 잃지 않습니다. 성실한 성찰은 문제를 제대로 다루게 하기 때문에 실망하거나 좌절하는 일이 생기지 않습니다.

이와 함께 해야 할 것이 하나 더 있습니다. 거침과 부드러움, 성적 대상과 부처님, 야만스러움과 품위 있음 등 시비분별을 넘어서는 길을 열어가야 합니다. 그러기 위해 지극한 정성을 기울여 일념으로 화두, 염불, 진언, 다라니 수행을 해야 합니다. 논리적 이해와 신념에 의지해서 합리적으로 수행하는 것은 물 위에 떠 있는 쓰레기를 걷어내는 것과 같습니다. 일념으로 화두·염불·진언 수행에 집중하는 것은 물속에 가라앉아 있는 쓰레기를 치우는 격입니다. 하나는 현실의 현상적인 문제를 다루는 것이라면, 다른 하나는 현실의 심층적인 문제를 다루는 것이라고 할 수 있습니다. 어느 하나도 소홀히 해선 안 됩니다. 두 가지 모두를 소중하게 그리고 균형과 조화를 이루게 해야 합니다.

중생과 부처, 깨달음과 미혹, 생과 사, 자유와 구속 따위의 모든 벽을 넘어서는 수행을 잘 표현한 글을 하나 소개하겠습니다. "아미타불이 어디에 계시는가. 그 한 생각을 마음에 붙여 한시도 잊지 말라. 부처님 생각을 하고 또 하면 마침내 생각할 수 없게 된다. 그러면 안이비설신의 육문眼耳鼻舌身意 六門에서 저절로 황금빛이 나게 된다." 염불을 하고 또 하여 마침내 생각할 수 없게 되면 저절로 눈도 맑게 밝아지고 귀도, 코도, 입도, 몸도, 마음도 저절로 맑게 밝아짐을 황금빛이 난다고 하는 것입니다. 아미타불을 염불할 때 다른 목적을 두면 안 됩니다. 깨달음도, 부처도, 해탈도, 극락세계도 목적으로 삼아서는 안 됩니다. 오로지 염불 그 자체를 목적으로 해야 합니다. 염불하는 그 자체가 본래부처의 현전이요, 깨달음의 현전이요, 해탈의 현전이요, 열반의 현전이라는 신념으로 염불 그 자체를 전부로 삼아야 합니다. 길이 여기에 있고, 그렇게 하면 길이 활짝 열립니다.

생명평화 절 명상을 보면 이웃에 대한 사랑을 많이 강조하고 있습니다. 우리는 함께 일하는 동료들을 진심으로 사랑하기가 힘듭니다. 멀리 있는 아프리카 어린이들을 돕는다고 할 때에는 마음을 내고, 경제적인 지원이 있어야 한다면 경제적 지원도 합니다. 그러나 가까이 함께하는 사람들한테는 인색할 때가 있습니다. 왜 그럴까요? 조직이 가지는 생리일 것도 같습니다만. 부처님이나 스님께서도 조직에 계셨지요. 그렇다면 부처님의 제자들도 조직에서 우리와 같은 고민을 하셨습니까?

● 물론 그런 문제들이 늘 생기기도 하고 그로 인하여 고민들도 합니다. 먼저 삶의 문제에 대한 해답의 길로 제시된 생명평화 절 명상 내용을 되짚어 봅시다. 순서대로 보면 첫 번째가 성찰입니다. 끊임없는 성찰의 삶을 통해 존재의 실상에 눈뜨는 것입니다. 진리의 눈인 근본적 관점을 갖는 것입니다.

두 번째가 참회입니다. 눈뜨기 전에는 잘 몰랐는데 정신 차려서 제대로 알고 보니 세상은 온통 그물의 그물코처럼 같음과 다름이 함께 하는 공동체로 이루어져 있다는 것입니다. 그럼에도 불구하고 우리들은 국가다, 종교다, 이념이다, 선이다, 악이다 등 인위적으로 만들어 낸 관념의 틀에 눈이 가려 본래 같음을 보지 못하고 다름만을 절대화시키는 분리된 사고와 신념으로 살아왔습니다. 같음을 보지 못하고 다름만을 보며 그것을 절대화시키거나 다름을 보지 못하고 같음만을 보며 그것을 절대화시키는 것을 불교에서는 양극단에 빠진 전도몽상이라고 합니다. 공동체로 이루어진 존재의 실상에 무지하고 실상에 어긋나는 그릇된 삶을 살아온 것입니다. 잘못을 알았으면 반성하고 참회하는 것이 정직하고 성실한 것입니다. 참회는 바르고, 참되고, 새로운 길로 나아가는 출발점입니다. 진정한 참회의 삶이 있어야 마땅합니다.

　세 번째가 서원입니다. 참회 다음에는 본래의 길인 진리의 길을 가겠다는 다짐을 하는 것입니다. 언제 어디서나 주체적으로 진리의 길인 함께 사는 길, 이웃을 내 몸처럼 사랑하는 길, 자기 정체성의 길인 낮춤·비움·나눔·존중·배려·감사의 삶에 전심전력하겠다고 서원하는 것입니다. 그리고 이웃 또는 상대를 내 몸처럼 사랑할 것을 강조하는 까닭은 세상 이치 즉 진리가 그러하기 때문입니다. 진리의 길을 가야만 삶의 문제가 풀리고 우리의 염원이 이루어지기 때문입니다. 자기를 사랑하는 길이 그 길 말고 다른 길이 없기 때문입니다.

　또 멀리 있는 아프리카 사람들은 잘 돕는데, 왜 가까이 있는 동료나 식구들은 사랑하지 못하는가? 그 이유는 성찰이 부족하기 때문입니다. 삶을 중도적으로 다루지 않기 때문입니다. 실사구시적이지 않다는 것입니다. 현실적으로 아프리카 사람하고 나는 이해관계가 없습니다. 자연스럽게 아무런 막힘 없이 마음이 금방 갑니다. 그에 반해 가까운 곳의 사람하고는 이해관계에 막혀 금방 마음이 잘 안 가게 됩니다.

예를 들어, 부모와 자식 관계를 봅시다. 가까이 늘 함께 있을 때는 그 귀함을 모르다가 멀리 오래 떨어져 있으면 서로 그립습니다. 누구나 마찬가지입니다. 지금 여기 삶의 실상에 대한 명확한 이해와 인식이 부족한 것입니다. 현재를 온전히 살고 있지 못한 것입니다. 늘 현재에 있는 진리의 정신에 충실하지 못한 것입니다. 삶을 사실적으로 다루지 않고 관념적으로 다루고 있는 것이지요. 삶을 구체적으로 다루지 않고 추상적으로 다루고 있는 것이지요. 삶을 실사구시, 중도, 과학적 사고와 삶의 방식으로 다루지 않기 때문에 현재를 온전하게 살지 못하는 것입니다. 그것이 문제의 원인으로 작용하고 있습니다.

부처님 같은 분도 크게 다르지 않습니다. 다만 부처님은 성찰의 눈뜸 즉 중도적으로 삶을 다루어 가기 때문에 혹 우리처럼 사람 관계에 부딪히는 경우가 있더라도 본인이 상처를 안 받음은 물론 문제도 침착하게 잘 다루어 갑니다. 일이 잘되고 안 되고를 떠나서 스스로 그런 힘이 있습니다. 그러나 우리는 주체적인 힘이 부족합니다. 자세히 보면 상처를 잘 받는 사람이 상처를 잘 주고, 상처를 잘 주는 사람이 상처를 잘 받습니다. 스스로 상처를 받지 않을 수 있는, 주지 않을 수 있는 주체적인 힘이 없는 것입니다. 여러 가지 상황들이 문제가 될 수 있지만 일차적으로는 당사자가 상처를 주지 않고 받지 않을 수 있는 자질과 역량을 갖추어야 합니다.

예수나 부처나 이분들은 주체적인 힘을 갖고 있는 겁니다.

성찰·눈뜸·참회·서원을 통해서 주체적인 힘이 길러지고, 그 힘으로 문제들이 극복될 수 있습니다. 아주 넉넉한 사람은 상처 안 주고 안 받을 수 있습니다. 스스로 그런 힘과 역량을 기르는 것이 성찰·눈뜸·참회·서원이고, 그것을 하나의 격식으로 만든 것이 생명평화 절 명상입니다. 또 어떤 경우는 상처를 주려는 의도가 아니었는데도 상처를 받는 경우가 있습니다. 상처받을 만한 내용이 아닌데도 상처를 받는다면 그것은 상처받는 당사자가 주체적으로 힘을 길러 해결하는 길 말고 다른 길이 있을 수 없습니다.

● 부처님은 중도의 길을 찾았다고 하는데 부처님이 말하는 중도는 무엇입니까?
● 중도에 대한 초기경전의 내용을 평소 이해하는 대로 재구성해 보겠습니다.

> "향락(물질 절대)주의는 세상 이치에 맞지 않는 극단의 길이다. 고행(정신 절대)주의도 세상 이치에 맞지 않는 극단의 길이다. 고행주의와 향락주의라는 두 극단을 벗어나 세상 이치에 맞는 중도의 길이 있다. 중도란 지금 여기 존재의 실상(고집멸도)에 대해 정견·정사·정어·정명·정업·정정진·정념·정정하는 것이다."

부처님이 중도에 대해 말씀하신 것은 깨달음을 얻은 다음 처음 설법할 때입니다. 경전 문맥으로 볼 때 인생 문제에 대한 해답을 찾기 위해 수행을 하는 동안 향락주의와 고행주의 등 여러 가지 시행착오를 거치게 되었고, 그 과정에서 실천적으로 경험하고 터득한 것을 정리하여 제시한 실천론이 중도임을 짐작할 수 있습니다.

하지만 무엇을 어떻게 하는 것이 중도적으로 하는 것인지는 명쾌하지 않습니다. 경전 이곳저곳을 살펴보지만 극단이 아닌 것을 중도라고 한다는 설명을 하고 있을 뿐 중도가 이런 것이다, 라고 설명한 곳은 찾아보기 어렵습니다. 굳이 앞뒤를 맞추어 본다면 중도가 무엇인가 하는 문제의식에는 팔정도가 그 해답이고 어떻게 하는 것이 중도적인가 하는 문제의식에는 거문고의 줄을 고르는 비유가 그 해답이라는 생각이 듭니다. 팔정도에 대해서는 경전 곳곳에서 설명을 많이 하고 있으므로 여기에서는 생략하고 거문고 줄 고르는 비유를 소재로 중도에 대해 함께 생각해 봤으면 합니다.

어느 날 부처님이 "용맹정진을 했는데도 수행의 진전이 없다."며 불안 초조해하는 수행자에게 거문고 줄을 고르는 비유를 들어 말씀하십니다.

"여기에 훌륭한 거문고가 하나 있네. 사람들을 감동시키는 아름다운 소리를 내려고 하면 어떻게 해야 할까. 거문고 줄이 느슨할 경우 아름다운 소리가 날까. 절대 아름다운 소리가 나올 수 없네. 줄이 팽팽하면 어떨까. 제대로 된 소리가 나지 않음은 물론 자칫 잘못하면 줄이 끊어지고 마네. 그럼 어떻게 해야 할까. 줄이 너무 느슨하지도 않고 너무 팽팽하지도 않게 잘 골라져야 아름다운 소리가 울려나오네."

팔정도를 적재적소에 맞게 거문고 줄 고르듯이 잘 실천하는 것이 바로 중도적인 실천입니다. 팔정도를 거문고 줄 고르는 것처럼 균형과 조화를 이루도록 실천하면 법의 실상에 눈뜨게 되고 고통으로부터 해탈하며 삶의 문제들이 해결된다는 것입니다.

나름대로 정리해 보지만 여전히 풀리지 않는 문제점이 있습니다. 하나는 팔정도가 중도라면 왜 정도라고 하지 않고 중도라고 했는가. 내용을 말할 때엔 바를 정 자를 쓰고 전체를 통합할 때엔 가운데 중 자를 쓴 이유가 무엇일까. 또 하나는 왜 부정적 표현 방식으로만 설명하는가. 부정적 표현 방식을 써도 괜찮은 것이라면 긍정적 표현 방식을 사용해도 괜찮지 않을까. 굳이 부정적 표현 방식으로 일관하는 이유가 무엇일까. 시원한 해답을 찾기가 어렵습니다. 이럴 때 부처님은 말에 의지하지 말고 뜻에 의지하라고 했습니다. 두 가지 의문점도 말의 이면에 있는 뜻으로 찾아보면 좀 더 분명해지지 않을까 싶습니다.

먼저 왜 부정적 표현 방식으로 일관할까. 하나는 언어의 속성과 한계의 문제입니다. 그 무엇도 일단 언어로 표현되면 속성상 실체화, 고정화, 대상화됩니다. 또 불완전한 도구인 언어로 존재 자체를 사실대로 표현하는 것은 불가능하기도 합니다. 다른 하나는 중생의 무지와 속성입니다. 중생들은 습관적으로 그 어떤 것도 실체화, 고정화, 대상화시킵니다. 긍정적 표현 방식을 사용할 경우 무엇이든 소유의 대상으로 삼으려고 할 가능성이 높습니다. 오히려 진실과 사실을 더 왜곡시킬 위험이 있습니다. 또 언어의 한계와 속성을 모르는 어리석음이 있습니다. 부득이 부정적 표현 방식을 쓸 수밖에 없는 안타까움이 여기에 있지 않을까 싶습니다.

다음은 왜 정도라고 하지 않고 중도라고 했을까. 하나는 중도라는 말 자체를 뜻으로 천착해 보는 것이 좋겠습니다. 중도를 우리말로 옮기면 팔정도 내용대로 바른 길이란 뜻이 있습니다. 바름의 뜻으로 본다면 '존재의 실상대로', '진리에 맞게' 등의 해석이 가능합니다. 거문고 줄 고르는 비유로 보면 알맞음의 의미가 있습니다. 알맞음의 의미로 보면 '정확하게', '적재적소에 맞게', '조화롭게' 등의 해석이 될 수 있습니다.

초기불교를 지나 대승불교로 넘어오면서 끊임없이 중도에 대한 철학적 사유가 심화 확대됩니다. 대승불교의 대표적 중도론이라고 할 수 있는 삼세게三諦偈가 있습니다. "인연으로 이루어진 존재. 나는 즉시 공空이라고 말하네. 또한 환상假과 같은 존재이네. 또한 그대로 중도中道의 뜻이네." 또 팔불중도八不中道가 있습니다. "불생불멸不生不滅 불상부단不常不斷 불일불이不一不異 불래불거不去不來

가 중도실상이다." 천착해 온 내용을 일반적으로는 "고행과 향락의 문제를 넘어 영원과 허무常·斷, 있음과 없음有·無의 두 극단을 벗어난 것이 중도다."라고 정형화해 왔습니다.

초기불교와 마찬가지로 대승불교도 대부분 부정적 설명 방식이 주류를 이루고 있습니다. 중도에 대한 논리는 많은데 여전히 명쾌하지 않으며 혼란스럽습니다. 애매하기도 하고 막연하기도 하고 어렵기도 합니다. 정말 뭐야 하는 의구심이 말끔하게 해소되지 않습니다.

이제 말에 의지하지 않고 뜻에 의지하여 나름대로 파악한 것을 갖고 긍정적 표현 방식으로 설명해 보겠습니다. "존재의 실상을 있다, 라고 단정하는 것도 실상에 어긋나고 실상을 왜곡시키는 극단의 견해이다. 없다, 라고 단정하는 것도 실상에 어긋나고 실상을 왜곡시키는 극단의 견해이다. 영원하다고 하는 것도, 허무하다고 하는 것도 마찬가지이다. 모든 극단을 벗어나 존재의 실상에 맞는 중도의 길이 있다. 중도란 존재의 실상을 사실대로 보고如實知見 사실대로 실천하는 것如實知見行이다." 중도의 상대적 개념은 극단입니다. 중도의 뜻을 선명하게 이해하려면 극단에 대한 이해가 필요합니다.

극단이 무엇인지 구체적인 예를 들어 살펴봅시다. 여기 책상이 있습니다. 저쪽 끝과 분리된 이쪽 끝이 있다는 견해, 이쪽 끝과 분리된 저쪽 끝이 있다는 견해가 극단의 견해입니다. 그럼 중간인가. 양쪽 끝과 분리된 중간이 있다는 견해도 극단의 견해입니다. 그럼 실제는 어떠한가. 저쪽 끝이 없는 이쪽 끝은 존재하지 않습니다. 이쪽 끝이 없는 저쪽 끝도 존재하지 않습니다. 양쪽 끝이 없는 중간도 마찬가지입니다. 이쪽 끝, 저쪽 끝, 가운데가 서로 분리 독립되어 있다는 견해는 모두 극단의 견해입니다. 존재의 실상을 왜곡시키는 견해로 중도의 견해가 아닙니다.

다음은 실상, 즉 중도가 무엇인지 살펴봅시다. 여기 책상이 있습니다. 저쪽 끝도 아니고 이쪽 끝도 아니고 중간도 아닌 온전한 책상이 있습니다. 그 모든 극단을 벗어난 책상 자체가 있습니다. 책상이라는 사실과 진실을 사실대로 보는 견해, 사실에 맞는 행동이 중도의 견해이고 행동입니다. 사실과 진실을 왜곡시킨 견해가 극단의 견해요, 사실과 진실에 근거하는 견해가 중도의 견해입니다.

다음은 환자를 예로 들어 중도적으로 실천하는 것이 어떤 것인지 살펴봅시다. 여기 신음하는 환자가 있습니다. 환자를 사실과 진실대로 보고 다루기 위해서는, 첫 번째 무슨 병인가, 두 번째는 상태가 어떤가, 세 번째는 원인이 무엇인가, 하고 사실 확인을 해야 합니다. 그 결과 감기몸살이다, 상태가 매우 심하다, 그 원인은 지나치게 무리했기 때문이다 등 정확한 진단이 나오면 그에 적절한 처방을 해야 합니다. 분명한 것은 지금 여기 환자라고 하는 구체적 실상을 떠나서는 진단도 처방도 불가능합니다. 삶의 문제 그 어떤 것도 지금 여기 구체적 사실과 진실에 직면하여 다루어야 합니다.

부처님이 깨달은 존재의 실상을 논리적으로 개념화한 것이 연기법이요, 실천적으로 개념화한 것이 중도입니다. 중도를 부정적 표현 방식으로 설명하면 극단을 벗어난 상태, 즉 있음도 아니고, 없음도 아니고, 영원함도 허무함도 아닌 것이라고 하고, 긍정적 표현 방식으로 설명하면 존재의 실상을 사실대로 알고 실상에 맞도록 실천하는 것이라고 할 수 있습니다.

그물코 인생
그물코 사랑

지은이	도법	**펴낸이**	박상근(至弘)	**펴낸 곳**	불광출판사
2008년 8월 18일 초판 인쇄		**주간**	류지호	138-844 서울시 송파구 석촌동 165-14 진양빌딩 2층	
2008년 8월 21일 초판 발행		**책임편집**	박형희	**대표전화**	02) 420-3200
		디자인	이영순	**편집부**	02) 420-3300
		본문 사진	하지권	**팩시밀리**	02) 420-3400
		제작	김명환		
		홍보마케팅	허성국	출판등록 제1-183호(1979. 10. 10)	
		관리	유애겸		

ⓒ 도법, 2008
ISBN 978-89-7479-550-4. 03810
값 15,000원

독자의 의견을 기다립니다.
http://www.bulkwang.org

잘못된 책은 바꾸어 드립니다.

생명평화 절 명상 백대서원문

펴낸이 박상근(至弘)
펴낸 곳 불광출판사
138-844 서울시 송파구 석촌동 165-14 진양빌딩 2층
대표전화 02) 420-3200
편집부 02) 420-3300
팩시밀리 02) 420-3400

출판등록 제1-183호(1979. 10. 10)

ⓒ 도법, 2008

一

주체적으로 진리가 삶을
자유롭게 한다고 하신
스승의 말씀을 마음에 새기며
절을 올립니다.

二

끊임없는 자기 성찰과
올바른 현실 인식이
문제 해결의 첫걸음임을
마음에 새기며 절을 올립니다.

三

일상적인 삶의 혼란과 부작용이
문제를 실사구시적으로 다루지
않았기 때문임을 돌아보며
절을 올립니다.

四

생명 위기, 평화 위기의 원인이
내 생명의 정체성에 대한
무지 때문임을 돌아보며
절을 올립니다.

五

반생명 비인간화의 모순이
존재의 진리에 어긋나는
실체론적 세계관 때문임을
돌아보며 절을 올립니다.

六

국가·민족·종교·이념 등
그 무엇보다도 우선하는 가치가
생명평화임을 확신하며
절을 올립니다.

七

존재의 실상을 달관할 때 비로소
생명평화의 길이 열리게 됨을
생각하며 절을 올립니다.

八

삶의 기본인 내 생명의
정체성을 과학적으로 파악할 때
비로소 생명평화의 삶이
움트게 됨을 생각하며
절을 올립니다.

九

일상적으로 전 존재를 바쳐
살아가야 할 진리의 길이
인드라망 세계관임을
마음에 새기며 절을 올립니다.

十

소유는 또 다른 소유를 낳을 뿐
문제 해결의 길이 될 수 없는
세상 이치를 생각하며
절을 올립니다.

◦
十
一
◦

싸움은 또 다른 싸움을 부를 뿐
문제 해결의 길이 될 수 없다는
역사의 소리를 경청하며
절을 올립니다.

十二.

부자와 일등이 행복하다고 하는 것은 실현될 수 없는 관념의 환상임을 확신하며 절을 올립니다.

• 十三 •

사회 문제의 책임이
양심의 소리를 따르지 않는
자신 종교인 지식인에게 있음을
직시하며 절을 올립니다.

十四

상대의 아픔을 자기 아픔으로
인식할 때 비로소 생명평화의
길이 시작됨을 믿으며
절을 올립니다.

十五

이웃을 내 몸처럼 사랑할 때
진정으로 자신을 사랑하게 되는
진리를 생각하며 절을 올립니다.

十六

생명의 진리는 현실적으로
누구나 이해하고 실현하고
증명할 수 있도록 해야 한다는
말씀을 생각하며 절을 올립니다.

十七

양심의 소리 생명의 소리를
잘 들을 때 비로소 생명평화의
길이 열리게 됨을 믿으며
절을 올립니다.

十八

스스로 자기 삶을 혁명하는 것이
생명평화 세상을 만드는 확실한
길임을 믿으며 절을 올립니다.

十九

주체적으로 개성 있는 삶을
가꾸어 갈 때 비로소
생명평화의 길이 열리게 됨을
믿으며 절을 올립니다.

二十

그릇된 소견머리와 버르장머리를
고칠 때 비로소 문제 해결의
길이 열리게 됨을 믿으며
절을 올립니다.

二一.

내면의 소리에 따라 정직
성실하게 살아갈 때 비로소
생명평화의 길이 열리게 됨을
믿으며 절을 올립니다.

二

일상 속에서 언어를
실사구시적으로 다루어갈 때
비로소 생명평화의 길이
열리게 됨을 생각하며
절을 올립니다.

二三

일상적으로 언어에 속거나
구속되지 않을 때 비로소
생명평화의 길이 열리게 됨을
생각하며 절을 올립니다.

二四

삶의 진실을 사실대로 보고
본대로 말할 때 비로소
생명평화의 길이 열리게 됨을
생각하며 절을 올립니다.

二五

상대적 박탈감에 빠지지 않는
삶의 철학과 신념을 확립하는 것이
생명평화의 길임을 확신하며
절을 올립니다.

二六.

돈의 노예가 되지 않는
가치 의식과 삶의 방식을
확립하는 것이 생명평화의 길임을
확신하며 절을 올립니다.

二七

인위적 질서를 극복하고
자연의 질서를 존중하는 삶이
생명평화의 길임을 확신하며
절을 올립니다.

* 二八 *

생명의 실상에 입각하여 설명한 진리의 세계관인 생명평화경을 음미하며 절을 올립니다.

二九

이것이 있음을 조건으로
저것이 있게 되는 우주 생명의
진리를 가슴에 새기며
절을 올립니다.

○
三
十
○

이것이 없음을 조건으로
저것이 없게 되는 우주 생명의
진리를 가슴에 새기며
절을 올립니다.

三一

서로 의지하고 도우며
생성 소멸하는 우주 자연의
질서가 영원한 진리임을 새기며
절을 올립니다.

三二

언제 어디서나 내 생명의 실상이
본래 그물의 그물코처럼 존재하는
것임을 가슴에 새기며
절을 올립니다.

• 三三 •

생명의 실상이 본래 한몸
한생명 공동체임을 눈뜨게 하는
생명평화경을 음미하며
절을 올립니다.

· 三四 ·

뭇 생명은 자연에 의지하여
살아가는 공동체 존재임을
마음에 새기며 절을 올립니다.

三五

우리나라는 이웃 나라에
의지하여 살아가는
국가 공동체임을 마음에 새기며
절을 올립니다.

· 三六 ·

우리 종교는 이웃 종교에
의지하여 살아가는
종교 공동체임을 마음에 새기며
절을 올립니다.

· 三七 ·

우리 마을은 이웃 마을에
의지하여 살아가는
고향 공동체임을 마음에 새기며
절을 올립니다.

三八

우리 가족은 이웃 가족에
의지하여 살아가는
가족 공동체임을 마음에 새기며
절을 올립니다.

三九

나는 그대에 의지하여 살아가는
공동체 생명임을 마음에 새기며
절을 올립니다.

四十

공동체 생명들은 서로 의지하고 돕는 진리의 삶을 살 때 비로소 행복하게 되는 것임을 마음에 새기며 절을 올립니다.

四一

본래 한몸 한생명 공동체임을
망각한 이기적 삶을
참회하게 하는 생명평화경을
음미하며 절을 올립니다.

四二.

뭇 생명의 뿌리인 자연을
함부로 취급해 온 인간 중심의
이기적 삶을 참회하며
절을 올립니다.

四三.

우리나라의 의지처인
이웃 나라를 배척해 온
내 나라 중심의 이기적 삶을
참회하며 절을 올립니다.

四四

우리 종교의 의지처인
이웃 종교를 부정해 온
자기 종교 중심의 배타적 삶을
참회하며 절을 올립니다.

四五

우리 가족의 의지처인
이웃 가족을 외면해 온
내 가족 중심의 이기적 삶을
참회하며 절을 올립니다.

· 四六 ·

내 생명의 어버이이신
그대를 가볍게 취급해 온
자기중심의 이기적 삶을
참회하며 절을 올립니다.

四七

내 나라, 내 종교,
내 가족 중심의 이기심으로
살아온 왜곡된 집단 중심의
삶을 참회하며 절을 올립니다.

四八

소유와 힘의 논리, 경쟁과
지배의 논리로 살아온
왜곡된 자기 사랑의 삶을
참회하며 절을 올립니다.

四九

우주의 법칙에 따라 섬김과
모심의 삶을 살도록 하는
생명평화경을 음미하며
절을 올립니다.

五十

자연을 뭇 생명의 하느님으로
대할 때 비로소 뭇 생명이
안전하게 되는 진리를 생각하며
절을 올립니다.

五一

이웃 나라를 내 나라의
하느님으로 대할 때 비로소
내 나라가 평화롭게 되는
진리를 생각하며 절을 올립니다.

五二.

이웃 종교를 내 종교의
하느님으로 대할 때 비로소
내 종교가 빛나게 되는 진리를
생각하며 절을 올립니다.

● 五三 ●

이웃 가족을 내 가족의
하나님으로 대할 때 비로소
내 가족이 편안하게 되는
진리를 생각하며 절을 올립니다.

五四

만나는 상대를 내 삶의
하나님으로 대할 때 비로소
내 삶이 행복하게 되는
진리를 생각하며 절을 올립니다.

五五

내 생명의 실상을 달관하고
자족의 삶을 가꾸도록 하는
생명평화경을 음미하며
절을 올립니다.

五六

인간 중심의 무절제한 탐욕을
버리고 자연과 함께하는 자족의
삶을 다짐하며 절을 올립니다。

● 五七 ●

내 나라 중심의 편협한 삶을
버리고 이웃 나라와 함께 하는
자족의 삶을 다짐하며
절을 올립니다.

五八

내 종교 중심의 편협한 삶을
버리고 이웃 종교와 함께하는
자족의 삶을 다짐하며
절을 올립니다.

五九

내 가족 중심의 편협한 삶을
버리고 이웃 가족과 함께 하는
자족의 삶을 다짐하며
절을 올립니다.

六十

자기중심의 편협한 삶을 버리고
상대와 함께하는 자족의
삶을 다짐하며 절을 올립니다.

六一

자연의 개성과 가치의 존귀함을
이해·존중·감사하는 진리의
삶을 다짐하며 절을 올립니다.

六二

이웃 나라의 개성과 가치의
존귀함을 이해·존중·감사하는
진리의 삶을 다짐하며
절을 올립니다.

六三

이웃 종교의 개성과 가치의
존귀함을 이해·존중·감사하는
진리의 삶을 다짐하며
절을 올립니다.

六四

이웃 가족의 개성과 가치의
존귀함을 이해·존중·감사하는
진리의 삶을 다짐하며
절을 올립니다.

• 六五 •

상대의 개성과 가치의 존귀함을
이해·존중·감사하는 진리의
삶을 다짐하며 절을 올립니다.

· 六六 ·

진정한 행복은 존재의 정체성에
대한 성찰과 서원의 삶으로
이루어지는 것임을 확신하며
절을 올립니다.

六七

어떤 명분의 폭력도 사용하지 않겠다고 하는 생명평화 서약을 마음에 새기며 절을 올립니다.

六八

모든 생명들에게 저질러온
심리·언어·육체·성·물리·
사회적인 여러 형태의 폭력을
참회하며 절을 올립니다.

• 六九 •

자기 안의 불의와 사회의 불의가
발붙이지 못하도록 치열하게
살아갈 것을 다짐하며
절을 올립니다.

七十

어떤 명분의 불의와 폭력도
비폭력 불복종 실천으로
단호하게 거부하고 극복할 것을
다짐하며 절을 올립니다.

七一

존재의 법칙에 따라 모든 생명을
우애로 감싸겠다고 하는
생명평화 서약을 마음에 새기며
절을 올립니다.

七二

어떤 명분의 편견이나
차별도 없이 생명의 존엄성을
존중 보호하겠다고 다짐하며
절을 올립니다.

● 七三 ●

사람이 곧 하늘이라는 진리의 말씀에 따라 상대를 평화의 마음과 태도로 대할 것을 새기며 절을 올립니다.

七四

생명의 법칙에 따라 상대를
모심과 섬김의 자세로
자신의 삶을 가꾸어 갈 것을
마음에 새기며 절을 올립니다.

七五

일상적으로 상대를 이해·존중·
배려하는 만큼 자기 삶이
빛나게 되는 진리를
마음에 새기며 절을 올립니다.

· 七六 ·

대화와 경청의 자세를 갖겠다고 하는 생명평화 서약을 마음에 새기며 절을 올립니다.

七七

언제 어디서나 모든 문제를
솔직 겸허한 대화로 다루어
갈 것을 다짐하며
절을 올립니다.

七八

상대의 개성을 존중함은 물론
표현의 자유와 문화의 다양성을
옹호할 것을 마음에 새기며
절을 올립니다.

七九

상대의 견해를 경청하지 않고 내 견해만 옳다고 생각하는 것이 폭력의 시작임을 생각하며 절을 올립니다.

· 八十 ·

나눔을 적극적으로 실천하고
헌신의 삶을 살겠다고 하는
생명평화 서약을 마음에 새기며
절을 올립니다.

八一.

생명의 질서에 따라 알맞게 갖고
알맞게 쓰는 단순 소박한 삶이
영원한 참사람의 삶임을
확신하며 절을 올립니다.

八二

현실적으로 자기에게 엄격하고
상대에게 관대한 삶을
살아갈 것을 다짐하며
절을 올립니다.

八三.

구체적으로 나의 삶터부터
생명평화의 마을로
가꾸어 갈 것을 다짐하며
절을 올립니다.

八四

현실적으로 모든 생명의 터전을
보존하겠다고 하는 생명평화
서약을 마음에 새기며
절을 올립니다.

八五

일상적으로 나의 무절제한
의식주 생활이 생태계를
병들게 하는 일로 연결됨을
돌아보며 절을 올립니다.

八六

농촌 농업을 근본 가치로 삼고
살아가는 것이 나와 뭇 생명을
위하는 길임을 확신하며
절을 올립니다.

八七

생태계를 보존하고 생명의
순환 질서를 지키는 일에
책임을 다하겠다고 다짐하며
절을 올립니다.

八八

한반도의 평화를 실현하기 위해
적극적으로 역할을 하겠다고 하는
생명평화 서약을 마음에 새기며
절을 올립니다.

八九

평화는 진실과 사랑의 길인
비폭력 불복종 행동으로
이루어지는 것임을
마음에 새기며 절을 올립니다.

九十

한반도의 전쟁을 방지하고
이 땅의 평화를 위해 비폭력
실천으로 앞장설 것을
다짐하며 절을 올립니다.

九一

삶을 불행하게 하는
어떤 권위·제도·관습·억압도
비폭력 불복종으로
극복해 갈 것을 다짐하며
절을 올립니다.

· 九二 ·

끊임없이 깨어 공부하고
수행하겠다고 하는
생명평화 서약을
마음에 새기며 절을 올립니다.

九三

항상 역사의 진실을
기억하지만 언제나 역사로부터
자유로워질 것을 마음에 새기며
절을 올립니다.

九四

비폭력적인 몸짓, 말 한 마디,
마음씀 하나하나가 생명평화를
이루는 큰 걸음임을 생각하며
절을 올립니다.

九五

자신을 낮추고 비우고 나누는
진리의 삶이 자신의 정체성에
충실한 삶임을 새기며
절을 올립니다.

九六.

상대를 이해·존중·배려하는
진리의 삶이 내 생명의 정체성에
충실한 삶임을 새기며
절을 올립니다.

九七

지금 여기 나 스스로
생명평화의 등불임을 선언하는
생명평화 서약을 마음에 새기며
절을 올립니다.

九八

지금 여기 내가 밝힌
생명평화의 등불이 이웃과
사회를 밝히는 등불로 빛나기를
발원하며 절을 올립니다.

九九

모두가 등불이 되어 서로를
비춤으로써 온 누리가
생명평화의 세상이 되기를
발원하며 절을 올립니다.

一百

내가 밝힌 생명평화의 등불로
온 누리의 생명들이
진정으로 평화롭고 행복하기를
발원하며 절을 올립니다.

◉
절
명
상
◉

생명평화경은 지금 여기
너와 나의 삶의 실상을 비추어 보는 거울이니
항상 잘 받아 지니고 기억하여
어긋나지 않도록 할지니라.

거룩하십니다. 진리의 스승이시여!
진리의 가르침을 귀 기울여 잘 듣겠나이다.
깊이 사유 음미하겠나이다.
온몸과 마음을 다하여 실행하겠나이다.

존재의 실상인 진리란
상호 의존성과 상호 변화성을 뜻할 뿐
그 밖의 다른 것이 아니므로
지금 여기에서 누구나 이해하고 실현하고
증명할 수 있도록 해야 하느니라.

진리의 길은,
현재의 삶을 진지하게 성찰할 때
그 실상이 드러나고 진리의 서원을 세울 때
생명평화의 삶이 실현되나니 항상 깨어 있도록 할지니라.

내 생명의 의지처인 우주 자연과
내 나라의 의지처인 이웃 나라와
내 종교의 의지처인 이웃 종교와
내 마을의 의지처인 이웃 마을과
내 가족의 의지처인 이웃 가족과
내 자신의 의지처인 그대의 개성과 가치의
존귀함과 고마움과 소중함에 대하여
지극히 겸허한 마음으로 존중하고 감사하고
찬탄하는 달관과 자족의 삶을 살지니라.

우리 가족의 의지처인 이웃 가족을 불안하게 하는,
진리를 외면한 내 가족 중심의 이기적 삶을 버리고
이웃 가족을 내 가족의 하나님으로 대하는
달관과 자족의 삶을 살지니라.

내 삶의 의지처인 상대를 불안하게 하는,
진리를 외면한 자기중심의 이기적 삶을 버리고
상대를 내 삶의 하나님으로 대하는
달관과 자족의 삶을 살지니라.

우리 종교의 의지처인 이웃 종교를 불안하게 하는,
진리를 외면한 내 종교 중심의 이기적 삶을 버리고
이웃 종교를 내 종교의 하느님으로 대하는
달관과 자족의 삶을 살지니라.

우리 마을의 의지처인 이웃 마을을 불안하게 하는,
진리를 외면한 내 마을 중심의 이기적 삶을 버리고
이웃 마을을 우리 마을의 하나님으로 대하는
달관과 자족의 삶을 살지니라.

생명의 고향인 자연을 병들게 하는
진리를 외면한 인간 중심의 이기적 삶을 버리고
우주 자연을 내 생명의 하느님으로 대하는
달관과 자족의 삶을 살지니라.

우리나라의 의지처인 이웃 나라를 불안하게 하는,
진리를 외면한 내 나라 중심의 이기적 삶을 버리고
이웃 나라를 내 나라의 하느님으로 대하는
달관과 자족의 삶을 살지니라.

그대는 내 생명의 어버이시고
나는 그대에 의지하여 살아가는 공동체 생명이니라.
진리의 존재인 뭇 생명은 진리의 길을 걸을 때
비로소 평화로워지고 행복해지나니,
그대들은 깊이 사유 음미하여 실행할지니라.

생명평화의 벗들이여!
서로 의지하고 변화하며 존재하는 생명의 진리는
우리 모두의 영원한 길이니,
지금 진리의 길에 눈뜨는 달관과
진리의 길에 어울리는 자족의 삶을 살지니라.

이웃 종교는 우리 종교의 의지처이고,
우리 종교는 이웃 종교에 의지하여 살아가는
종교 공동체이니라.

이웃 마을은 우리 마을의 의지처이고,
우리 마을은 이웃 마을에 의지하여 살아가는
고향 공동체이니라.

이웃 가족은 우리 가족의 의지처이고,
우리 가족은 이웃 가족에 의지하여 살아가는
가족 공동체이니라.

생명평화의 벗들이여!
자연은 뭇 생명의 의지처이고,
뭇 생명은 자연에 의지하여 살아가는 공동체 존재이니라.

이웃 나라는 우리나라의 의지처이고,
우리나라는 이웃 나라에 의지하여 살아가는
국가 공동체이니라.

나는 다음과 같이 들었습니다.
눈 내리는 한밤중에 진리의 스승께서 말씀하셨습니다.

생명평화의 벗들이여!
생명평화 길의 근본이 되는 존재의 실상인
상호 의존성과 상호 변화성의 우주적 진리를 말하리니
그대들은 귀 기울여 잘 듣고, 깊이 사유 음미할지니라.
이것이 있음을 조건으로 저것이 있게 되고,
저것이 있음을 조건으로 이것이 있게 되며,
이것이 없음을 조건으로 저것이 없게 되고,
저것이 없음을 조건으로 이것이 없게 되느니라.
상호 의존성과 상호 변화성의 진리를 따라
생성, 소멸, 순환하는 존재의 실상인 이 사실은,
현재에도 그러하고, 과거에도 그러하며,
미래에도 그러하느니라.

● 생명평화경 ●

내 안에도
눈이
있어.
생명.
평화.

정수
2005

●

생명평화 백대서원 절 명상은
수행의 생활화, 생활의 수행화를 위해
생명평화를 서원하며 백 번의 절을 올리는 것입니다.
백이란 숫자는 부족함과 결함이 없는 완전한 상태를 나타냅니다.

●

생명평화 절 명상 백대서원문